웹소설 작가 마스터플랜

웹소설 작가 마스터플랜

초판 1쇄 발행 2020년 9월 10일

지은이	theD마스터플랜연구소
발행인	조상현
마케팅	조정빈
편집인	김유진
디자인	김희진

펴낸곳	더디퍼런스
등록번호	제2018-000177호
주소	경기도 고양시 덕양구 큰골길 33-170
문의	02-712-7927
팩스	02-6974-1237
이메일	thedibooks@naver.com
홈페이지	www.thedifference.co.kr

ISBN	979-11-61252-66-7 03370

| 더스 | 더디 | 더디퍼런스 | 마이북

십대가 되고 싶은 직업 로드맵

웹소설 작가
마스터플랜

theD마스터플랜연구소 지음

더디퍼런스

프롤로그

웹소설을 좋아하는 평범한 독자가 작가가 되기까지

웹소설 작가는 최근 인기 직업으로 떠오르는 직업 중에 하나이다. 청소년뿐만 아니라 제2의 직업을 꿈꾸는 직장인들에게도 큰 관심을 받고 있다. 이렇게 남녀노소에게 인기 있는 웹소설 작가의 직업적 특징은 무엇일까? 자기가 원하는 글을 쓰면서도 독자들의 사랑을 받고 상당한 수준의 수익을 버는 것 외에도 많은 사람들이 이 직업에 도전하는 이유가 있다.

우선 진입장벽이 낮아서 일정 수준의 글을 쓰고 사람들의 호응을 얻으면 누구나 작가로 데뷔할 수 있다. 다시 말해 그 세계에서는 학력도 성별도 외모도 따지지 않는다. 웹소설은 단지 소설로만 팬들을 만나는 것이 아니다. 웹소설은 변화무쌍하다. 웹툰, 영화, 드라마, 뮤지컬 등으로 새롭게 태어나 더 많은 팬들을 만난다.

이런 이유로 글을 좀 쓰는 사람들이 너도나도 웹소설 작가에 도전하고 있다. 기존 작가는 물론이고 취미생활로 글을 쓰는 이들까지 황금 기회를 잡기 위해 모여든다. 하지만 누구나 할 수 있다고, 누구나 인정받고 사랑받는 것은 아니다. 그만큼 많은 사람들이 좌절하며 돌아서기도 한다. 열렬한 사랑을 주었던 팬들이 어느 순간 등을 돌리는 바람에 재기의 기회를 놓치기도 한다.

웹소설 작가는 이야기를 만들기 위해 뼈를 깎는 노력을 기울인다. 작가만의 독특한 개성과 아이디어를 찾아야 하고, 현재 유행하는 웹소설 트렌드에 뒤처지지 않으면서 대중성 있고 재밌는 작품을 완성해야 한다. 그뿐일까? 웹소설 작가는 단순히 이야기만 만드는 사람이 아니다. 더 다양한 일을 경험하게 된다. 작품을 완성해서 출판사와 계약을 할 때 문제가 생겨 계약이 틀어지거나, 웹소설 플랫폼(다양한 상품이나 서비스를 판매하는 웹 공간을 일컫는다. 여기서 말하는 웹소설 플랫폼은 웹소설을 연재하거나 판매하는 사이트를 뜻한다.)에 들어가더라도 작품 심사를 위해 몇 개월 동안 손놓고 기다려야 한다. 한마디로 조율과 기다림의 연속이다.

이 책은 웹소설 작가가 겪는 어려움과 고충을 듣고 망설이고 있거나, 단편적인 지식만 가지고 웹소설 작가를 꿈꾸는 청소년들이 꼭 알아야 할 정보를 자세하게 다루었다.

1장에서는 웹소설 작가가 하는 일과 직업의 성격에 대해, 2장에서는 무료 연재, 투고, 공모전 등 웹소설 작가가 되는 방법을 구체적으로 안내했다. 3장에서는 이 직업의 장단점과 멘탈 관리법을, 4장에서는 미래 전망과 직업을 통해 얻는 가치에 대해 생각해보고 연관 직업에 대해 알아보았다.

웹소설 작가가 되는 방법은 크게 무료 연재, 투고, 공모전이 있다. 웹소설 작가는 선생님이나 의사 같은 직업처럼 로드맵이 분명한 직업이 아니다. 대학 전공도 무관하다. 우선 무료 연재는 네이버 웹소설, 문피아, 조아라, 로망띠끄 같은 플랫폼에서 웹소설을 연재하는 방법이다. 투고는 작가가 직접 출판사에 작품을 보내는 방식이다. 여러 출판사에 메일을 보낼 수 있다는 장점이 있고, 작품에 대한 전문가의 피드백도 들을 수 있다. 공모전은 웹소설 작가가 되는 방법 중에서 단연 최고의 방법이다. 단시간 안에, 가장 빠른 방법으로 웹소설 작가가 되는 통로이기 때문이다. 그밖에 더 자세한 내용은 이 책의 구석구석에 담아놓았으니 꼼꼼히 읽어보기를 바란다.

웹소설 작가는 먼 꿈이 아니다. 자신 없다고 뒤처져서 아무것도 하지 않으면 여러분 옆에서 조용히 웹소설을 읽던 친구들이 어느 날 갑자기 인기 작가로 나타날지도 모른다. 인기 있는 웹소설 작가들도 처음부터 특별하지 않았다. 여러분처럼 웹소설을 좋아하던 평범한 독자였다. 꿈이 있다면 여러분이 좋아하는 소설의 작가들처럼 도전하길 바란다. 독자로 남을 것인가, 웹소설 작가가 될 것인가는 여러분의 선택에 달려 있다. 웹소설 작가를 꿈꾸고 있다면 이 책과 함께 힘차게 앞으로 나아가길 바란다. 미래의 웹소설 작가들에게 응원을 보낸다.

theD마스터플랜연구소

차례

1장
웹소설 작가는
어떤 직업이지?

웹소설 작가는
누구인가?

　　웹소설 작가에 대해 알아보기 전에 먼저 '소설가'가 하는 일을 알아보자. 소설가는 소설을 쓰는 일을 업으로 하는 사람을 뜻한다. 그럼 소설이란 무엇이지? 소설은 사실 또는 작가의 상상력에 바탕을 두고 허구적으로 이야기를 꾸며 쓴 글을 가리킨다. '웹소설'이라는 이름에 붙은 '웹'의 의미는 무엇일까? '웹(web)'이란 동영상이나 음성 따위의 각종 멀티미디어를 이용하는 인터넷을 말한다.

　　웹소설가란 인터넷에 소설을 연재하는 사람을 말한다. 그들은 아직 완성되지 않은 작품을 순서대로 올리고 독자들과 실시간으로 소통하며 이야기를 만든다. 그들이 만든 이야기는 소설이라는 장르를 넘어, 드라마나 영화로도 만들어진다.

스마트폰이 등장하기 전에도 '인터넷 소설'은 존재했으나 지금의 웹소설과는 전혀 다른 모습이었다. '웹'과 '소설'이 결합함으로써 기존 소설과 다른 양상을 띠는 장르가 탄생하게 된 데에는 스마트폰의 역할이 가장 컸다. 스마트폰 보급률이 늘어나자 사람들이 스마트폰으로 콘텐츠를 보는 시간이 늘어났고, 자연히 플랫폼이 증가하고 덩달아 웹소설 작가라는 직업도 인기를 얻게 되었다.

인터넷에서 활동하던 기존 작가는 물론이고, 다른 분야의 작가와 아마추어 작가까지 가세해 웹소설 작가의 인기가 한층 올라가고 있다. 웹소설은 한때 B급 장르라는 취급을 받았다. 그러나 웹소설의 연이은 흥행으로 그런 인식은 말끔히 사라졌고, 현재는 하나의 장르로 당당히 인정받고 있다.

웹소설은 언제 읽을까?

'스낵컬처'란 언제 어디서나 간편하고 가볍게 즐기는 문화를 일컫는 말이다. 웹소설도 이 스낵컬처에 속한다. 학생들은 등·하교를 할 때, 직장인들은 출·퇴근할 때 지하철이나 버스에서 자유롭게 웹소설을 읽으며 스낵컬처를 즐긴다. 점심시간이나 자투리 시간에 스트레스를 풀고 기분을 전환하는 데 안성맞춤이다.

웹소설 작가는 독자가 간단하게 즐길 수 있는 이야기를 제공한다. 작가는 전문적인 이야기꾼이다. 독자가 좋아할 만한 소재와 트렌드를 섞어서 술술 읽히는 이야기로 만든다. 연재되는 한 편의 이야기가 끝날 때는 '절단 신공'이란 기교를 부려서 과감히 이야기를 끊는다. 독자들은 얄미운 작가 때문에 애가 끊지만 다음 편을 기다릴 수밖에 없다. 그리고 곧 새롭게 올라온 회차를 읽으며 이야기에 푹 빠져 버린다.

보통 웹소설 한 편을 즐기는 데 몇 분이 소요될까? 3~5분이면 충분하다. 화장실을 다녀올 정도로 짧은 시간이다. 마음이 답답하거나 스트레스가 잔뜩 쌓였을 때 웹소설을 읽다 보면 언제 그랬냐는 듯이 싹 잊을 정도로 독자들에게 재미와 흥미를 준다.

웹소설은 독자들을 짜릿한 여행으로 이끈다. 이세계(異世界) 최강자가 되어 적을 모조리 물리쳐 진정한 영웅이나 악당이 되고, 억울하게 죽었다가 다시 살아나 원수들을 처절히 짓밟는 통쾌한 복수도 한다.

현실은 언제나 팍팍하다. 학생은 입시라는 무게 때문에 힘들고, 직장인은 사람들과 경쟁하면서 돈을 버느라 고되다. 집과 학교, 집과 회사를 오가며 끊임없이 반복되는 삶을 바라는 사람은 없다. 이렇게 힘든 일상 속에서 웹소설은 오락거리이자 위로가 되어준다.

진입장벽이 낮은 직업

웹소설 작가는 진입장벽이 낮은 직업이다. 웹소설 작가가 되기 위한 나이 제한도 없고, 자격증도 필요없다. 특정 전공이나 학력을 묻지도 않는다. 이런 이유로 청소년들이 상상의 날개를 펼치며 글을 쓰고, 소설가의 꿈을 이루지 못한 사람들이 용기를 갖고 연재를 시작한다.

특정 주제를 남녀 중에 누가 더 잘 쓸 거라는 편견도 통하지 않는다. 남성의 전유물로 여기던 무협이나 판타지를 여성 작가가 능숙하게 쓰며, 여성의 감수성만 통할 것 같은 로맨스 장르에서는 남성 작가가 더 사랑을 받기도 한다. 게다가 작가들이 자신의 성별을 일부러 밝히지 않는 이상 여성인지 남성인지 잘 모른다.

이 직업의 진입장벽은 왜 낮을까? 웹소설에서 독자들이 원하는 것은 첫째도 둘째도 '재미'이다. 그러니 작가가 누구인지는 중요하지 않다. 내용이 흥미롭고 '재미'만 있으면 된다. 인기 있던 작품도 '재미'가 없어지면 독자는 언제라도 등을 돌린다. 웹소설 작가로 성장하려면 이 점을 명심해야 한다. 쉽고 재미있는 글을 쓸 줄 아는 능력만이 당신을 웹소설 작가로 만들어준다.

웹소설 시장에 진입하는 방법

웹소설 작가의 진입장벽이 낮다는 말에 귀가 솔깃해졌을 것이다. 하지만 반드시 알아둬야 할 것이 있다. 웹소설 작가는 순수문학처럼 등단(신춘문예에 당선되거나 문학상에서 상을 타면 등단작가가 된다.)을 하지 않아도 작가로 활동할 수 있다. 그렇다고 누구나 다 될 수 있다고 생각하지는 말자. 웹소설 작가는 특정 웹소설 사이트에 작품을 출시(런칭)하거나 책을 내야 작가로 활동할 수 있다.

웹소설 시장에 진입하는 방법은 무엇일까? 무료 연재, 투고, 공모전 등 세 가지 방법이 있다. 여기에서는 간단히 알아보고 자세한 내용은 2장에서 더 살펴보자.

첫째, '무료 연재'는 네이버 웹소설, 문피아, 조아라, 로망띠끄 등의 사이트에 소설을 올리는 방식을 말한다. '무료'라는 단어 때문에 손해를 보는 것 같지만, 그것은 독자들을 만나는 첫 번째 관문 같은 것이다. 이 '무료 연재'에서 독자들에게 인정받으면 인기를 얻을 수 있다. 이렇게 독자들에게 인정을 받고 나면 출판사에서 출판 제의가 오기도 한다.

둘째, '투고'는 출판사나 특정 사이트의 문을 직접 두드리는 방법이다. 무료 연재를 했는데도 아무 반응이 없거나 투데이 베스트에서 1위를 했는데도 마음에 드는 출판사를 만나지 못했을 때 택하는 방식이다. 여러 출판사의 문을 두드리며 경험을 쌓다 보면 자신과 잘 맞는 출판사와 계약을 할 수 있다. 단, 출판사에서 연락이 왔다고 성급하게 계약을 하면 안 된다. 좋은 출판사를 보고 조건을 꼼꼼히 따지는 안목이 필요하다.

셋째, '공모전'은 웹소설 사이트나 출판사에서 정기적·비정기적으로 열리는 대회의 일종이다. 상금이나 수상 특전이 주어지기 때문에 예비 작가들 사이에서 관심이 높다. 자세한 정보를 알고 싶다면, 각 사이트, 출판사 홈페이지, 블로그, 트위터, 페이스북, 인스타그램을 수시로 확인해야 한다.

어떻게 스타 작가가 될까?

높은 연봉이 보장된 웹소설 스타 작가는 작품 자체도 인기지만 드라마나 영화 등 다른 분야에서도 원작자 대접을 톡톡히 받고 있다. 〈김비서가 왜 그럴까〉, 〈구르미 그린 달빛〉, 〈해를 품은 달〉, 〈성균관 스캔들〉 등도 모두 웹소설이 원작이었다. 웹소설에서 큰 인기를 얻어 드라마로 만들어졌는데 그 역시 인기가 많았다. 〈전지적 독자 시점〉은 5부작 영화로 재탄생되며, 〈달빛조각사〉는 게임으로 만들어졌다.

스타 작가들을 부러워하는 사람들이 참 많다. 너도 나도 스타 작가가 되기 위해 도전하고 있다. 그런데 스타 작가들이 처음부터 인기가 있었던 건 아니다. 어떤 대단한 이유로 글을 써서 인기 작가가 된 것도 아니다. 〈김비서가 왜 그럴까〉를 쓴 정경윤 작가는 약사였는데, 일상이 답답하게 느껴져 글을 쓰기 시작했다고 한다. 〈구르미 그린 달빛〉을 쓴 윤이수 작가는 산후우울증을 극복하기 위해 글을 썼다.

초보 작가는 처음부터 거창한 목표를 잡고 글을 쓰려는 경향이 있다. 그런데 경험이 부족하다 보니 얼마 가지 못해 중간에 그만둔다. 정경윤 작가나 윤이수 작가처럼 자기만의 이유를 찾아 글을 써보는 것은 어떨까? 자신 없다고 투덜거리지 말고, 하루에 한 줄, 세 줄, 다섯 줄씩 늘려가며 이야기를 만들어보는 것이다. 스타 작가들이 처음 글을 썼을 때, 그 마음을 생각하면서.

웹소설 작가가
하는 일

    웹소설 작가는 전문 이야기꾼이다. 어떤 식으로 글을 써야 독자들이 환호하는지 알고 있다. 이를테면, 먼치킨(비현실성이 강한 주인공)이 어떤 식으로 싸움에서 승리해야 통쾌해하는지, 남녀 주인공의 러브라인을 어떻게 끌고 나가야 사람들이 좋아할지 알고 있다. 작가는 작품을 쓸 때 주요 사건을 일으키는 인물을 적절한 시기에 투입하면서 긴장감을 잃지 않도록 노력한다. 또한, 이야기의 폭발력이 점점 향상되도록 작품에 여러 장치를 정교하게 심어놓는다.

    이런 구성을 하다 보면 어느 시점에 가서 가장 중요한 사건이 둑 터지듯 강하게 폭발한다. 독자는 작가가 준비해놓은 설정에 휘말려 들어간다. 그러면서 당황하고, 환호하고, 화도 낸다. 작가는 독자들의 생생한 댓글을 보며 미소 짓는다. 계획대로 됐다고 흐뭇해하면서 말이다.

작가는 높은 하늘 위에서 땅을 내려다보는 신과 같은 존재일까? 그렇지 않다. 독자의 눈에 비치는 모습이 그럴 뿐이지 작업하는 과정을 들여다보면 그저 평범하기 짝이 없는 직업인일 뿐이다.

작가는 글이 써지지 않으면 무척 괴로워한다. 머리를 쥐어뜯고, 폭식하고, 괴로워한다. 때론 주인공의 마음을 알고 싶어서 중얼거리며 대화를 시도한다. 글 쓰는 작업을 일컬어 작가들끼리 흔히 하는 말이 있다. '영혼을 갈아 넣는다.'는 말이다. 머리카락이 한 움큼씩 빠지고, 위염에 시달리고, 피부가 뒤집히고, 살이 찌는 모습도 작가의 일부 모습이다.

상상하기

멋진 아이돌에 빠져 팬픽을 써본 적이 있는가? 인터넷 카페나 블로그에 글을 쓰며 '누구도 나처럼 못 쓸 거야!'라고 자부하며 글을 쓰는가? 공부는 잘 못하지만 상상력만은 전교 1등이라 자부하는가? 인기 작가가 된 자신의 미래 모습을 상상하고 있는가? 이 중에 한 가지라도 해당된다면 여러분은 웹소설을 쓸 자격이 충분히 있다.

웹소설 시장은 상상을 현실로 만들어내는 곳이다. 더 정확히 말하면 상상이 곧 돈이 되는 세계이다. 현실에선 이루기 힘든 일이 웹소설 세계에서는 마법처럼 이뤄진다. 원수 같은 남녀가 사랑에 빠져 연인이 되고, 비참한 사연으로 죽었던 주인공이 회귀자가 되어 돌아온다. 능력자가 된 회귀자는 세상을 호령한다. 또 연예인 매니저를 하던 주인공에게 앞일을 내다보는 초능력이 생기기도 한다.

웹소설에서 상상력은 작품의 차별성을 돋보이게 하는 요소이다. 유치한 이야기라고 걱정할 필요가 없다. 그런 요소를 좋아하는 연령대와 독자가 분명 있다. 여러분은 두려워하지 말고 당당하게 글을 써야 한다. 무엇보다 용기를 내고 써야 한다.

"세상에는 이미 웹소설이 차고 넘치는데, 제가 어떻게 새로운 이야기를 만들 수 있을까요?"하고 걱정이 될 수도 있다. 그러나 하늘 아래 새로운 것은 없다. 웹소설도 마찬가지다. 기존에 있었던 이야기(원형)를 자기만의 감각으로 비틀어서 새로운 이야기를 창조하는 법을 배우면 된다. 연습 삼아 『신데렐라』나 『로미오와 줄리엣』, 『지킬 앤 하이드』같은 고전작품이나 여러분이 좋아하는 작품을 재해석해서 써보는 것은 어떨까?

구상하기

구상이란 어떤 일을 하기에 앞서 하려는 일의 내용, 규모, 처리 방법 따위를 미리 생각하는 것을 말한다. 작가와 구상하기는 무슨 관계가 있을까?

미지의 땅을 탐험하는 모험가를 소설의 주인공으로 정했다고 해보자. 이 글을 쓰는 작가는 주인공이 새로운 장소에 갈 때마다 그곳이 맞는지 확인하고, 그에 따라 나와야 할 이야기, 등장인물, 설명, 대사 등을 상황에 맞게 써 내려간다. 만약 작가가 그런 계획 없이 글을 쓴다면 어떻게 될까?

이야기가 진행될수록 앞뒤 인간관계가 맞지 않고, 등장인물의 캐릭터도 이상하고, 줄거리나 사건의 개연성도 부족해서 독자들을 혼란스럽게 만들 것이다. 작가가 아무런 계획 없이 자신이 쓰고 싶은 대로 등장인물과 사건을 몰고 간다면 그 이야기를 읽어줄 독자가 과연 몇이나 될까?

상당한 실력을 지닌 프로 작가들 중에 구체적인 구상이나 계획 없이 바로 글을 쓰는 이들이 있다고 한다. 그렇다고 그들이 정말 아무 계획이 없는 것일까? 종이에 계획을 쓰지 않을 뿐이지, 그들은 누구보다 오랫동안 그리고 철저하게 계획을 한다. 프로 작가들의 경우 오랜 기간 작품을 쓰며 훈련한 결과, 작품 구상이 머릿속에 단계별로 펼쳐져 있다고 보면 된다.

연재 분량 쓰기

여러분이 생각하는 작가 이미지는 어떤 모습일까? 종일 컴퓨터 앞에 앉아 힘겹게 키보드 자판과 씨름하는 모습일까? 아니면 분위기 좋은 카페에서 아메리카노를 홀짝이며 여유롭게 노트북을 두드리는 모습일까? 작가는 어디서든 글을 쓸 수 있지만, 여유로워 보이는 모습은 포장된 이미지이다. 작가의 속은 까맣게 타들어 간다. 매일 마감의 연속에 쫓기는데 속이 편할 리가 없다.

작가는 글로 승부를 가르는 직업이다. 글은 고도의 집중력에서 나온다. 책상 의자에 고정된 자세로 앉아서 집중해야 좋은 글이 나온다. 글 쓰는 장소는 작가 성향에 따라 다르다. 음악과 말소리 등의 백색소음이 들리는 카페에서 작업하는 게 잘 맞는다는 작가도 있고, 집에서 써야 잘 써진다는 작가도 있다. 장소에 구애받지 않는 작가도 있다.

연재하고 있는 웹소설 작가는 하루에 써야 할 목표치가 있다. 약 3,000자에서 5,500자의 분량이다. 5,500자 이상의 분량을 쓰는 작가도 있다. 중요한 건 연재 분량을 하루도 빠짐없이 성실히 써야 한다는 점이다. 웹소설은 사이트에 매일 연재된다. 계약 조건에 따라 주 3회 올릴 수도 있고, 주말을 뺀 5회 동안 연재하는 등 저마다 다르다.

연재는 독자와의 약속이므로 작가는 무슨 일이 있어도

지켜야 한다. 몸이 아프거나, 갑작스러운 사고, 가족 중에 누군가를 돌봐야 해서 자리를 비워야 할 때도 있다. 하지만 작가들은 그럼에도 불구하고 독자와의 약속을 꼭 지킨다. 원고를 미리 써놓고 만일의 사태에 대비하기 때문이다. 비축 분량은 여러 편의 글을 올릴 때 유용하다.

기회 엿보기

작가는 부지런히 기회를 엿봐야 한다. 특히 무명에 가까운 신인이라면 누구보다 열심히 움직여야 한다. 매일 5,000자 이상의 글을 쓰며 작품을 완성해야 하는 것은 기본이고, 현재 인기 있는 작품을 분석해서 배울 점을 샅샅이 찾아야 한다. 뿐인가! 그러면서 무료 연재, 투고, 공모전 준비를 뚝심 있게 밀어붙여야 한다.

무료 연재를 할 때는 독자의 열렬한 반응을 끌어내기 위해 노력해야 한다. 그래야 출판사의 연락을 받을 수 있다. 무료 연재를 할 때 출판사를 움직이는 건 다름 아닌 독자들이다. 독자의 반응은 인기의 결과이므로 출판사는 무료 연재 독자들의 반응을 철저하게 살펴본다. 여기서 주의할 점은 자신이 쓰는 글이 해당 사이트의 성격에 잘 맞느냐이다. 로맨스 판타지가 사랑받는 사이트에 현대 로맨스를 올리면 과연 그 안에 있는 독자들의 사랑을 받을 수 있을까?

무료 연재에서 만족할 만한 결과를 얻지 못하면 작가들은 투고에 도전하기도 한다. 여러 군데의 출판사에 작품을 보내놓고 간절한 마음으로 연락을 기다린다. 물론 '투데이 베스트 1위'에 오른 작가라면 걱정이 없을 것이다. 독자들에게 이미 인정받은 글이라면 어느 출판사에 보내든지 좋은 성과를 얻을 수 있다.

공모전에 도전할 때는 많은 작가들이 경쟁하므로 준비를 단단히 하고 임해야 한다. 자신만의 무기로 심사위원들의 마음을 사로잡아야 성공한다. 전년도 수상작품, 출판사 성향 등을 조사한 뒤에 작품을 내는 것이 좋다.

이렇게 보니 무료 연재, 투고, 공모전 어느 것 하나 쉽게 얻을 수 있는 기회는 없다.

웹소설 작가라는
직업의 성격

판타지 소설로 인기를 얻은 K작가

웹소설 작가는 독자들의 뜨거운 사랑을 받으며, 그 대가로 돈까지 번다. 돈을 많이 번다는 건 작가의 위치가 그만큼 높아졌다는 걸 의미한다. 웹소설 작가가 '인기 작가'의 반열에 오르는 것은 흔한 일이 아니었다. 문학과 방송 등 다른 분야에서 활동하는 작가들은 오랫동안 작가로서 존재감이 컸지만, 웹소설 작가는 그렇지 못했다. 한때는 웹소설가를 작가라고 인정조차 하지 않았다. 하지만 지금은 어떤 작가보다 유명하고 인기가 높다.

여기 K라는 작가가 있다. K는 판타지 소설로 대박을 터트렸다. 그전까지 변변한 작품을 한 편도 쓰지 못했는데, 회귀, 초능력, 게임이라는 키워드에 새로운 시각을 덧입혀 독자를 열광시켰다. K는 엄청난 수익을 벌어들였고, 작품이 영화로 만들어지는 영광을 누렸다.

이후 그의 삶은 어떻게 됐을까? 가시밭길이 걷히고 꽃밭이 펼쳐졌다. 그는 곧 다음 작품을 발표했다. 그 작품 역시 초대박을 터트리며 해외까지 수출되었다. K는 연이어 터진 작품 덕에 억대 연봉 작가로 이름을 알렸다. 여기저기서 강의 요청이 쏟아지고, 신문과 잡지 인터뷰로 바쁜 나날을 보낸다.

부지런한 C작가의 하루

웹소설 작가는 부지런하지 않으면 직업인으로 살아가기가 힘들다. 누가 시키지 않아도 일찍부터 책상 앞에 앉아서 글을 쓴다. 회사원이 정해진 시간에 출근하는 것처럼 작가도 글을 쓰러 출근한다. 작가는 엉덩이 근육을 키워야 글을 잘 쓴다는 말이 있다. 맞는 말이다. 하루의 연재 분량을 쓰려면 인내가 필요하다.

부지런한 글쟁이 C라는 작가가 있다. C는 성격이 조용하고 차분하다. 그런데 컴퓨터 앞에만 앉으면 완전히 다른 사람으로 돌변한다. 아무도 눈치 채지 못하지만, 그는 사실 엄청난 수다쟁이다. 오직 작품을 쓸 때만 본성이 나온다.

웹소설 쓰기는 C에게 참으로 즐거운 일이다. 글 쓰는 일이 괴롭다는 작가도 있지만, C는 적성에 딱 맞는 천직이라 생각한다. 낯가리고 내성적인 성격 때문에 사람을 자주 만나야 하는 직업은 돈을 많이 준다고 해도 못할 것 같다. 이런 자신의 성격을 알고 있어서 그런지 그는 더 열심히 글을 쓰려고 노력한다.

C를 매료시킨 것은 작품에 빠져 사는 삶이다. 자신의 웹소설 세계는 살아 숨 쉬는 로맨스 판타지의 세계다. '어떤 식으로 연인을 만나게 할까?' '남녀의 상처는 어떻게 처리할까?' '서로의 사랑을 확인하는 장면을 어떻게 표현하면 아름답게 보일까?' 이런 것들을 끊임없이 고민하게 된다. 등장인물에 관한 고민도 설레는 일이다. C는 남자 주인공의 이미지를 강인하되 치명적인 비밀을 가진 캐릭터로 설정한다. 여자 주인공은 가녀린 소녀 이미지에 천하제일 검을 소유한 최강 검사로 정한다.

C는 하루 종일 작품 속 등장인물과 이러쿵저러쿵 얘기를 나누며 하루 연재 분량을 채운다. 몸은 피곤하고 지치지만 글 쓰는 것을 멈출 수 없다. C는 저녁을 먹은 뒤 다음 회 부분을 쓰기 시작한다.

작가들은 언제 가장 힘이 들까?

작가는 멘탈이 수시로 흔들린다. 바람 앞의 촛불처럼, 들판의 갈대처럼 이리 흔들리고 저리 흔들린다. "작가는 원래 강철 멘탈의 소유자 아니에요?"라고 묻는 사람도 있을 것이다. 그도 그럴 것이 작가는 강한 의지와 목표 의식으로 이야기를 끌고 나가는 사람처럼 보인다. 작가는 쓰는 과정이 아무리 힘들어도 독자들에게 그 모습을 보이지 않는다. 오직 작품만 가지고 말한다.

주로 혼자서 일을 하는 웹소설 작가들은 정신적으로 힘든 부분이 많다. 작가들은 언제 가장 힘이 들까?

① 계획한 대로 글이 써지지 않을 때

② 글을 망쳐서 소중한 시간을 날려버렸을 때

③ 무료 연재로 글을 올렸는데 반응이 하나도 없을 때

④ 무료 연재 작품을 봐주던 독자들이 선삭(선호 작품에서 삭제)을 했을 때

⑤ 작품을 여러 출판사에 보냈는데 연락이 없을 때

⑥ 공모전에서 자꾸 떨어질 때

⑦ 심한 악성 댓글을 보고 삶의 의욕을 잃을 때

⑧ 연재되는 작품이 힘을 못 쓰고 추락할 때

⑨ 인기 많은 작가가 또 다른 작품으로 인기를 얻을 때

⑩ 출판사의 요청으로 원고를 너무 많이 수정해야 할 때

⑪ 작가로서 자존감이 떨어질 때

⑫ 돈을 못 벌 때

작가의 긴장은 끝이 없다

머리와 가슴에 있는 것이 세상 밖으로 나오기까지는 고통이 따른다. 원고를 다 썼다고 끝나는 것도 아니다. 작품의 완성도를 올리기 위해 수정에 수정을 거듭해야 한다. 그리고 좋은 조건으로 계약할 수 있는 출판사를 만나기까지 무수한 기다림과 선택을 반복해야 한다. 여기서 끝이 아니다. 웹소설 사이트에 자신의 작품이 올라올 때까지 인내의 시간을 견뎌야 한다. 그다음은 독자들의 평가가 기다린다. 심사의 관문을 지나 작품이 런칭되었다고 해도 좋은 성적을 내느냐 마느냐, 작가의 긴장은 끝이 없다.

깐깐한 독자들과 만나기 위해서는 마음의 준비를 단단히 해야 한다. 그때부터 진짜 제대로 위기 상황과 고난이 시작되기 때문이다. 그중 하나가 댓글 창에서 벌어지는 일들이다. 작가는 독자가 쓰는 악플에 신경을 쓰지 않으려고 하지만 그건 쉽지 않은 일이다. 해피엔딩으로 작품을 끝내 달라는 요청은 아무것도 아니다. 지능적인 인신공격, 악랄한 비난과 욕설, 뜬금없는 지적, 작품의 질과는 동떨어진 별점 테러 등이 작가를 큰 충격으로 몰고 간다.

평정심을 유지하면서 성실하게 글을 쓰던 작가들도 그런 악성 댓글에 크게 휘청거린다. '이런, 내가 큰 잘못을 했구나.', '독자를 힘들게 할 의도는 아니었는데.', '난 재능이 없어. 작가를 그만둬야 하나?' 같은 부정적인 생각이 꼬리에 꼬리를 물고와 작가들을 괴롭힌다.

마음이 단단한 작가가 되기 위하여

외부 상황에 흔들리지 않고 글을 쓰려면 마음속에 원칙을 세워야 한다. 예를 들어 '작품에 도움이 될 만한 의견만 받아들이겠어. 하지만 공격은 절대 사절이야!'와 같은 마음 훈련을 하는 것이다.

댓글 게시판에서 악성 댓글을 보고, 마음이 아프지 않은 사람은 없다. 하지만 자신만의 원칙을 세워놓고 마음을 단단하게 만드는 훈련을 계속하다 보면 '무감해지는 법'을 배우게 된다. 종교인이라면 기도를 하거나, 종교가 없는 사람도 명상이나 운동을 하면 도움이 된다. 그러면서 마음을 비우는 것이다. 이마저도 자신이 없다면 댓글을 아예 보지 않는 방법도 있다. 하지만 독자들과 소통하기 위해서 댓글을 완전히 무시할 수는 없다.

힘든 일이 있거나 누군가 자신을 괴롭힐 때 우리가 자주 하는 실수가 있다. 그것을 되새김질하는 것이다. 쓰레기통에 버린 것을 자꾸 꺼내서 보면 어떻게 될까? 쓰레기들이 주변을 계속해서 배회하면서 여러분을 괴롭힐 것이다. 버린 것은 깨끗이 버려야 한다. 아픈 기억을 되새김질하는 것은 악몽을 다시 불러들이는 일이다.

웹소설 작가의 특징과
요구 능력

독자들의 마음을 파악하라

웹소설에서는 무엇을 상상하든 가능하다. 웹소설은 재밌고 환상적인 이야기 세계이다. '회빙환(회귀 · 빙의 · 환생)이 등장하는 로맨스 판타지?', '남주가 회귀해서 초월적인 능력으로 경쟁자를 모조리 물리치는 현대 판타지?', '재벌남과 매력적인 여주의 선 결혼 후 연애 스토리?' 이 모든 것이 가능한 세상이다.

독자들은 각종 웹소설 사이트에 들어가 먼저 웹소설 키워드들을 눈여겨본다. 그들은 장문의 작품 설명을 꼼꼼히 읽지 않는다. 짧고 강렬한 키워드로 모든 것을 판단한다. 독자는 바쁜 일상 속에서 잠시 짬을 내서 웹소설을 읽는다. 그들은 짧은 시간 동안 최대의 즐거움을 만끽하기를 원한다.

웹소설 작가는 글을 쓸 때 웹소설의 미덕인 '즐거움과 재미'를 놓치지 않기 위해 노력한다. 웹소설 시장이 커진다는 소식을 듣고, 타 장르의 전문 작가들이 대거 몰려든 적이 있었다. 웹소설 시장을 정복하는 것이 쉬워 보였을까? 과연 그들의 생각대로 됐을까? 천만에 말씀이다. 독자들은 그들의 작품을 좋아하지 않았다. 아무리 다른 장르에서 인기가 있었던 작품을 쓴 작가라도 웹소설 시장에서는 다시 신인이 된다. 웹소설은 오직 독자에 의해서 결정된다.

웹소설 작가들의 생존전략은 무엇일까? 바로 독자의 마음을 잘 아는 것이다.

웹소설 트렌드를 파악하라

웹소설 세계에도 트렌드(trend)가 있다. 트렌드란 어떤 분야의 방향이나 경향을 뜻하는 말이다. 웹소설 트렌드란 현재 웹소설에서 가장 인기 있는 장르나 소재, 키워드 등을 가리킨다. 웹소설 시장에서 트렌드는 매우 민감한 부분이다.

다음 제목을 살펴보면서 유행하는 장르와 키워드를 알아보자.

웹소설 트렌드 예시(제목/장르/키워드)	제목 특징
− 주인공이 힘을 숨김(판타지/먼치킨) − 주인공이 음식을 숨김(현대 판타지/먼치킨, 요리물) − 마법사가 힘을 숨기지 않음(게임 판타지/힘법사)	~을 숨김
− SSS급 소환 능력자(판타지/SSS 랭커 소환, 이능) − 나 홀로 SSS급 테이머(판타지/SSS 랭커, 던전, 몬스터, 레이드) − SSS급 뽑기 플레이어(판타지/SSS 랭커, 게임, 소환, 레이드)	SSS급~
− 검술명가 막내아들(판타지/회귀, 먼치킨, 막내) − 재벌집 막내아들(현대 판타지/환생, 재벌, 막내) − 후작가의 역대급 막내아들(판타지/회귀, 막내)	~ 막내아들

작품이 독자에게 사랑을 받아 인기가 올라가면, 해당 작품의 장르와 키워드, 소재도 덩달아 인기를 끈다. 그러면 비슷비슷한 이야기의 작품들이 점점 늘어난다. 그런 작품들을 일컬어 '양판소 스타일(양산형 판타지 소설을 뜻하는 약자로, 비슷한 장르와 키워드가 마치 공장에서 찍어내듯이 계속 쏟아져 나오는 현상을 비꼰 말)'이라고 한다. 이런 이유로 비난을 받기도 하지만 이는 일부의 평가일 뿐이다. 트렌드를 좇되 자신만의 개성과 색깔로 작품을 구성하여 재미있는 작품을 쓰면 된다.

웹소설 작가 입장에서 트렌드를 파악하는 것은 생존과

직결된 문제이다. 작가는 트렌드를 파악해 살아남는 방법을 스스로 계발해야 한다. 작가 지망생이나 초보 작가라면 트렌드 분석에 더욱 힘을 기울여야 한다.

독창적인 아이디어를 위하여

2020년 2월 9일 미국에서 낭보가 날아들었다. 봉준호 감독이 만든 영화 〈기생충〉이 아카데미상 4관왕을 달성했다는 소식이었다. 2019년 한국 영화 최초로 칸영화제 황금종려상을 받은 후로 수많은 상을 타온 〈기생충〉이 이제는 아카데미상까지 접수했다.

기생충이 각본상, 국제영화상, 감독상, 작품상을 연달아 타자 전 세계 '봉하이브'(Bong+Hive: 봉준호 감독 팬덤)들이 열광했다. 인종, 나이, 성별을 떠나 진심으로 기뻐하며 즐거워했다. 시상식장에 참석한 이들도 봉준호 감독이 상을 탈 때마다 환호성을 지르며 축하했다. 무엇이 이들을 한마음으로 응원하게 했을까? 여러 요인이 있겠지만 그 가운데 '이야기의 힘'이 가장 크지 않을까?

봉준호 감독은 무거운 사회 문제를 다루면서도 특유의 유머와 재치를 놓치지 않는다. 쿠엔틴 타란티노 감독은 그의 영화를 보며, 전성기 때 스티븐 스필버그를 보는 것 같다고 평가할 정도였다.

어떻게 하면 봉준호 감독처럼 독창적인 아이디어를 생각해낼 수 있을까? 그는 감독상을 받으며 수상소감으로 "가장 개인적인 것이 가장 창의적인 것이다."라는 마틴 스콜세지의 말을 인용했다. 여러분에게 가장 개인적인 것은 무엇일까? 그 안에 독창적인 아이디어의 힘이 있는 것이다. 남들에게 없는 자신만의 특별하고 비밀스러운 재능 말이다.

각자의 숨겨진 재능을 살리려는 노력이 필요하다. 웹소설을 쓰려면 반짝이는 아이디어가 필요하다. 웹소설은 아이디어 싸움이다. 이 싸움에서 지지 않으려면 남들에게 없는 나만의 이야기로 무장하고 나서야 한다.

성실이 재능을 이긴다

웹소설 작가는 글을 쓰는 직업이다. 그것도 매일 성실하게 써야 한다. 작품이 규칙적으로 연재되는 플랫폼의 성격 때문이다. 작가가 약속을 지키지 않으면 출판사는 물론이요, 독자와의 신뢰도 모두 깨진다.

작가 입장에서 보면 땅이 꺼지라고 한숨부터 나오는 상황이다. 글 쓰는 게 마냥 즐겁고 편한 작가는 없다. 무엇이든지 취미로 할 때는 즐겁지만, 본업이 되면 그때부터 생기는 일의 압박감은 상상을 초월할 정도이다.

그렇다고 그 무게감에 짓눌리면 곤란하다. 작가는 두려

움과 싸워서 이겨야 한다. 만약 부족한 능력으로 난관에 봉착하면 어떻게 해야 할까? 특별한 비법은 없다. 그냥 무식하고 단순하게 임해야 한다. '성실'이라는 힘을 믿고 써야 한다. 성실하게 글을 쓰다 보면 어려운 장애물을 하나둘씩 넘고, 목표지점을 향하고 있는 자신을 발견할 것이다. 온 마음과 정성을 다한다면 성실함이 재능을 이기는 상황이 펼쳐진다.

풍부한 감수성

작가는 감수성이 풍부해야 한다. 어떤 사물을 보고 보통 사람보다 감정을 더 깊이 끌어올려야 한다. 그리고 그 감정을 이야기로 표현할 줄 알아야 한다. '나는 그런 감수성이 없는데.'라고 생각한다면 감정을 불러일으키는 연습을 해 보는 것은 어떨까? 그래야 사람들의 마음을 움직일 수 있는 이야기를 쓸 수 있다.

"전 재밌고 통쾌한 판타지를 쓸 거니까 상관없어요!"라고 말하는 사람도 있을 것이다. 하지만 판타지라도 그 속에 인생이나 철학의 깊이가 없으면 독자의 폭이 좁아질 수밖에 없다. 다양한 사람들에게 공감을 얻기 위해서는 보편적인 인간의 정서와 철학을 품을 줄 알아야 한다.

당장 운이 좋아 출판사와 계약을 하고 돈을 많이 벌 수는 있다. 하지만 풍부한 감수성과 철학 없이는 좋은 작품을 쓰기가 힘들다.

★ 웹소설 작가가 되기 위한 감수성 훈련법

① 작은 것에 관심을 가져라
여러분은 갈라진 벽 틈에서 자란 이름 모를 꽃을 보면 어떤 생각이 드는가? 아무 생각이 없는가? 아니면 간질간질한 감성이 느껴지는가? 만약 그냥 지나친다면 당신은 메마른 사람일지도 모른다. 작가다운 감수성을 키우기 위해 이름 모를 꽃에게도 관심을 기울여보자!

② 경험을 통해 상상력을 확장하라
비 오는 날, 움푹 팬 물웅덩이는 반갑지 않다. 발이라도 빠지면 신발과 양말은 물론 바지까지 흠뻑 젖는다. 이때 감수성 있는 사람은 어떤 장면을 떠올릴까? 유기된 강아지가 마을버스까지 쫓아왔던 기억, 이별할 때 여자친구가 흘린 눈물, 쫄딱 망해 이사 간 집에서 맞은 아픈 빗방울…. 작가는 경험을 통해 상상을 확장하기도 하고, 없었던 이미지도 만든다.

③ 익숙한 것을 낯설게 하라
안도현 〈스며드는 것〉라는 시를 읽어 보면, 알을 품은 암게가 간장에 담기는 모습이 나온다. 암게가 간장에 들어가기 전 위협을 느끼고 있는 알에게 이렇게 말한다. "저녁이야. 불 끄고 잘 시간이야." 작가가 되려면 익숙한 사물을 낯설게 보는 시인의 마음으로 세상을 바라보아야 한다.

허풍과 공상만으로 쓸 수 없다

글 쓰는 작업은 흔히 진주알을 꿰는 일에 비유되곤 한다. 작가는 진주알(글 소재)을 잔뜩 갖고 있어도 소용이 없다. 중요한 것은 진주알을 실에 꿸 줄 아는 능력이다. 여기서 말하는 '꿸 줄 아는 능력'은 글을 쓰는 능력이다. 이 능력을 갖추기 위해서 작가는 오랜 기간 글쓰기 훈련을 한다.

글은 허풍과 공상만으로 써지지 않는다. 오랫동안 생각하고 쓰고 지우고 완성하는 과정을 거쳐야 한다. 창조적인 일을 한다지만 이 작업은 고단하고 지루하다. 그래도 작가는 인내의 시간을 멈추지 않는다. 꾸준히 훈련하면 어느 순간 실력이 월등하게 성장한다는 것을 경험으로 알고 있기 때문이다. 세상에 헛된 노력은 없는 법이다.

예전에는 쓰지 못했던 매력적인 캐릭터, 주인공을 뒤흔들며 트라우마를 남기는 사건, 겁쟁이 같았던 주인공이 성장하는 모습, 수많은 경쟁자와 싸움에서 이기는 비결 등을 술술 쓴다. 그리고 독자들이 미처 눈치 채지 못한 부분까지 세세하게 설정해 세계관을 만들어 나간다.

작가로서 성장하려면 글 쓰는 능력 외에도 내면의 힘이 필요하다. 자기 자신의 마음을 돌보지 못하면 작가는 흔들릴 수밖에 없다. 글을 쓰기 시작할 때, 글을 쓰고 있을 때, 제대로 글이 안 풀릴 때, 수정 요청이 들어올 때, 플랫폼에 런칭할 때 등 무수한 위기 상황 속에서 자신의 마음을 다스려야 한다. 글을 쓸 때는 '뜨거운 가슴'과 '차가운 머리', '평정심', '뚝심', '인내'와 '믿음', '용기'가 필요하다.

입문자를 위한 '웹소설 용어 가이드'

웹소설을 이해하는 가장 빠른 방법은 웹소설 용어를 공부하는 것이다. 다음 웹소설과 관련된 용어를 익히면서 웹소설 작가로 한 걸음 더 나가보자.

- 클리셰(cliché): 진부하거나 틀에 박힌 생각을 말하는 프랑스어이다. 다소 뻔해 보이는 클리셰는 이야기에서 자주 사용된다. 불치병, 눈물, 교통사고, 기억상실, 악당 등이 클리셰에 해당한다. 식상하고 질리지만, 없으면 밋밋하고 심심하며 재미가 없다.

- 피드백(feedback): 서로의 의견을 주고받는 것을 의미한

다. 예를 들어, 작가가 원고를 편집자에게 보내면 편집자는 수정할 내용과 의견을 첨부해서 보낸다. 독자의 댓글 반응 역시 작가를 위한 피드백이라 할 수 있다.

- 플롯(plot): 줄거리를 뜻한다. 작품의 힘은 플롯을 완벽한 구조로 표현해낼 때 나온다. 그래서 작가는 서사(narrative, 특정한 사건을 줄거리로 이야기하는 것)를 제대로 쓸 줄 알아야 한다. 서사는 사건의 진행, 인물의 행동 과정을 시간의 흐름에 따라 이야기로 풀어가는 방법을 말한다.

- 문장 가독성: 글이 '쉽게' 읽히는 정도를 뜻한다. 독자들이 웹소설을 읽을 때 눈으로 술술 읽고, 엄지로 빠르게 넘기면 성공한 웹소설을 썼다고 할 수 있다.

- 연독률: 독자가 한 작품을 꾸준히 읽는 비율을 말한다. 연독률이 높으면 무료 회차가 끝나도 독자들이 다음 회차를 유료로 결제할 가능성이 크다.

- 판무는 판타지와 무협, 현판은 현대 판타지, 겜판은 게임 판타지, 퓨판은 퓨전 판타지, 현로는 현대 로맨스이다. 로판은 로맨스 판타지, 동로는 동양 로맨스, 벨은 BL(boys love), 백합물은 GL(girls love)의 줄임말이다.

- 여성향: 여성들이 주로 보는 장르를 말한다. 로판, 현로, 동로, BL 등이 있다.

- 남성향: 남성들이 주로 보는 장르를 말한다. 현판, 판무 등이 있다.

- 양판소: 판에 박히고 뻔한 양산형 판타지 소설이다.

- 싯구(십꾸금): 19금으로, 고수위 애정신을 가리킨다.

- 키워드: 어떤 내용의 핵심 단어이다. 웹소설에서는 어떤 키워드가 인기일까? #악녀, #폭군, #시한부, #공녀, #선 육아 후연애, #집착남주, #불치병, #대형견남주, #회귀, #빙의 #환생, #계약연애, #육아물, #대공남주(조아라에 올라온 작품으로 키워드 참조) 등이 인기 키워드이다.(2020년 기준)

- 투베: 투데이 베스트의 줄임말로, 상위권 인기 순위를 뜻한다. 문피아와 조아라에서 쓰는 용어이다.

- 연참: 여러 편의 글을 올리는 것을 연참이라고 한다. 작품의 흐름이 좋을 때 연참은 기세를 높여준다. 무료 연재 사이트에서 연참을 잘하면 투베에 오를 수 있다.

- 비축분: 연참을 하기 위해서는 작품의 비축분이 있어야 한다. 최소 10~20%, 안정적인 비율은 50~60%, 완벽하려면 100%(완결)의 비축분이 필요하다.

- 관작: 관심작품의 줄임말이다. 관삭은 '관심작품 삭제'을 뜻한다.

- 선작: 선호작품의 줄임말이다. 선삭은 '선호작품 삭제'를 뜻한다.

- 별점 테러: 작품에 '별점 1점'을 주는 것을 뜻한다. 작품을 읽지도 않고 악의적으로 별점을 낮게 매기는 행위이다. 별점 테러가 큰 문제가 되어 신고 게시판이 따로 있다.

- 선발대: 작품을 먼저 읽은 독자를 가리킨다. 회차가 많은 웹소설을 읽을 때 후발 주자로 나선 독자는 초조하다. 내용의 힌트를 알려달라고 요청할 때 쓰이거나 선발대가

후발대를 독려하기 위해 댓글을 남기기도 한다.

- 프로모션: 일종의 이벤트이다. 홍보를 목적으로 플랫폼 곳곳에 배너 광고를 올리거나 할인 등의 이벤트를 한다. 기다무, 매열무, 리다무도 여기에 속한다. (기다무: 기다리면 무료(카카오페이지), 매열무: 매일 10시 무료(네이버 시리즈), 리다무: 리디북스 기다리면 무료).

- 고구마&사이다: 꽉 막힌 듯 답답함을 유발하는 내용을 '고구마'라고 한다. 사이다를 마신 듯 청량함을 주는 내용은 '사이다'라고 한다. 웹소설을 잘 쓰는 작가는 고구마와 사이다의 배분 능력이 뛰어나다.

- 먼치킨: 주인공에게 비현실적인 면이 강한 걸 의미한다.

- 레이블(label): 한 출판사가 장르를 구분해서 운영하고 판매하는 방식이다. 예를 들어, 특정 출판사가 로맨스를 '딸기', 로판을 '크렌베리', BL을 '블루베리'로 부르는 것을 말한다.

- 선인세: 출판사가 작가에게 미리 주는 인세(돈)이다.

- 분배율: 웹소설을 판매해서 생기는 수익을 나누는 비율을 말한다. 보통 작가와 출판사가 7:3으로 수익을 나눈다. 인기 작가는 8:2 또는 9:1로 나누기도 한다.

- 수익구조 예시: 독자가 웹소설 한 편을 구매해 총 100원의 수익이 발생했다고 가정해보자. 다음은 7:3으로 계약한 작가의 경우이다.
  - '플랫폼'은 수수료로 약 30%를 가져간다. → 30원
  - '작가'는 남은 금액 70원의 70%를 가져간다. → 49원
  - '출판사'는 30%를 가져간다. → 21원

- 정연은 정식 연재, 독연은 독점 연재, 무연은 무료 연재, 유연은 유료 연재의 줄임말이다.

- 단행본: 플랫폼에서 판매하는 완결 연재소설이다. E-book과 같은 의미이다.

2장
웹소설 작가가
되기까지

웹소설 작가의 능력
들여다보기

　웹소설 작가는 작품 속에서 전지전능한 역할을 한다. 주인공의 인생을 한순간에 나락으로 떨어뜨리고, 그가 어떻게 대처할 것인가를 결정한다. 모든 것을 잃은 주인공은 방랑자처럼 이곳저곳을 헤매다가 복수를 결심한다. 길을 잠시 잃었던 주인공은 잠자던 용을 건드린 대가로 어이없게 죽는다. 그러나 주인공은 '회귀'해서 돌아온다. 회귀는 숨겨져 있던 그의 초능력을 깨우고 영웅의 모습을 갖춘다. 곧이어 주인공은 자신을 도와줄 동료와 친구들을 만나고, 검사 실력을 일깨워줄 스승도 만난다.

　주인공은 만나는 모든 자에게 승리하고 제일 든든한 세력을 자기편으로 얻는다. 마침내 모든 힘을 다 갖추게 된 주인공은 복수를 하기 위해 고향으로 향한다. 막내아들로 태어났던 그는 황제가 되어 고향으로 돌아간다.

웹소설 작가는 이야기를 더 재미있게 끌고 가기 위해 일부러 '고난'을 넣는다. 작가의 성격이 고약해서가 아니다. 앞으로 펼쳐질 주인공의 꽃길을 위해서 판(배경)을 깔아놓는 것이다. '멋지고 잘생긴 주인공이 즐겁게 살다가 오래오래 행복하게 잘 살았습니다.' 같은 이야기는 독자가 좋아하지 않기 때문이다.

작가는 이야기로 독자들을 어떻게 이끄나

독자들은 재미있는 이야기에 약하다. 무료로 공개된 회차까지만 읽고 말아야지 결심해도 정신을 차려보면 결제를 하고 있다. 머리로는 앞으로 진행될 이야기를 예측하며 안 봐도 된다고 장담하지만 소용없는 일이다. 다음 회차를 보고 싶은 마음에 그 무엇도 할 생각이 나지 않는다. 도대체 이야기 속에 무엇을 넣어서 이렇게 중독성이 강한지 무섭기까지 하다.

시험을 앞둔 학생은 웹소설을 읽느라 공부를 뒷전으로 미루기도 한다. 충혈된 눈과 피곤한 몸으로 학교에 가지만 그래도 이야기에 빠져 있다는 사실만으로 행복하다.

웹소설 작가는 독자의 호기심을 극대화하고, 이야기에 대한 갈증을 이용할 줄 안다. 잘 보던 작품이 완결되면 "당분간 웹소설은 멀리할 거야!"라고 중얼거린다. 하지만 말뿐이다. 자신이 좋아하는 이야기를 찾아서 웹소설 사이트를 수시로 들락거린다. 이렇게 작가는 독자들이 이야기에 푹 빠져 살도록 하는 일등 공신이다.

작가는 집요하다

작가는 집요하다. 남들이 보기에 부드럽고 물렁물렁한 성격을 지닌 작가라도 이야기 앞에서는 직업 본능이 나온다. 작가는 끈질기게 진실을 찾고자 이야기에 매달리는 사람이다. 진실이란 작가가 작품 속에서 추구하는 독특한 이야기 세계를 말한다.

작가는 처음 작품을 구상할 때부터 남모를 고민에 빠진다. 원하는 아이디어가 나오지 않으면 밥을 먹고 싶은 마음도 안 생기고, 세상 고민을 혼자 다 짊어진 사람처럼 고통스러워한다. 그러면서 '주인공이 어떤 성격을 지녀야 매력적일까?' 캐릭터를 만들려면 개인의 어린 시절이 필요한데 가족관계나 부모님에 대해서 어떻게 쓰지? '상처가 빠지면 안 되는데! 그럼 주인공과 여자 주인공을 어떻게 만나게 하지? 우연히 만나게 할까? 아니야. 이건 너무 흔한 설정 같은데…', '아, 내 수준이 이것밖에 안 되나? 좀 더 새로운 아이디어는 없을까?' 이런 고민을 끝도 없이 한다.

글의 실마리를 찾는 일은 남들이 보기에는 하찮아 보일지 모르지만, 그런 작은 요소들이 모여 이야기의 재미를 더해준다. 그래서 작가들은 멍하게 앉아 있을 때조차 자신이 만들고 있는 이야기를 생각한다.

작품의 배경, 줄거리, 각 인물의 사연, 주요사건, 남주와 여주의 사랑과 갈등요소 등을 일일이 짜다 보면 머리에 쥐가 날 정도로 복잡해진다. 그렇다고 무모하게 이야기를 끌고 갈 수는 없다. 무엇보다 개연성이 맞아야 한다. 말이 안 되는 데로 억지로 끌고 가면, 설정이 허술한 부분에서 이야기가 무너져 내리기 때문이다.

독자의 심리를 이용하라

웹소설 작가는 초반 1~5회를 위해 모든 것을 쏟아 붓는다. 무료로 공개되는 회차라도 상관없다. 가장 중요한 건 독자를 사로잡는 일이다. 문학 소설처럼 이야기의 반전과 사건의 암시를 위해 중요한 설정을 꽁꽁 감출 필요가 없다. 그냥 있는 그대로 재미있는 설정을 빵빵빵 터트려서 독자를 항복시켜야 한다. 왜 이렇게 초반에 목숨을 걸어야 할까?

초반 1~5회 안에 독자의 마음을 사로잡지 않으면 두 번째 기회는 없다. 독자는 엄지손가락으로 스마트폰을 열고,

끌리지 않으면 가차 없이 다른 페이지로 넘어간다. 그러므로 작가는 이야기에 자신만의 매력을 넣어 독자의 눈과 마음을 사로잡아야 한다.

　그 능력은 글의 마무리에서도 드러난다. 마무리를 어떻게 하느냐에 따라 독자들의 반응이 달라진다. '절단 신공'을 쓰는 것이다. 독자들의 애를 태우는 바로 그 부분을 잘라서 거기까지만 글을 올린다. 드라마의 엔딩 장면과 비슷하다. 궁금증을 잔뜩 유발하는 결말로 드라마가 끝나면, 시청자들은 아쉬워하며 다음 회를 기다린다. 막상 뚜껑을 열어보면 특별할 것 없는 스토리로 전개되는 경우도 있다. 시청자는 허탈해하지만 시청률은 올라간다. 웹소설도 마찬가지이다. 독자들의 심리를 잘 이용(?)하여 그들이 이야기를 궁금해하고 애타게 기다리도록 해야 한다.

웹소설 작가가 되는 길
① 무료 연재

무료 연재란 말 그대로 자신의 웹소설을 무료로 플랫폼에 올리는 방식을 뜻한다. 그러므로 어떠한 수익도 나지 않는다. 수익이 생기는 유료 게시판도 있으나, 글을 쓴 지 얼마 되지 않은 초보 작가라면 대부분 무료 연재부터 시작한다.

무료 연재는 초보 작가나 무명에 가까운 기성 작가가 이름을 알리기 위해 전략적으로 사용하는 방식이다. 만약 무료 연재에서 독자를 얻는 데 성공한다면, 그 작가는 천군만마를 얻는 셈이다. 독자들은 열렬한 팬이 되고, 팬이 무리를 이루면 팬덤이 된다. 그 팬덤의 힘으로 출판사와 계약도할 수 있다.

이런 장점으로 인해 무료 연재는 웹소설 시장에 진입하려는 신인 작가에게 더할 나위 없는 좋은 발판이 된다. 무료 연재로 승부를 볼 생각이라면 조아라, 북팔, 문피아, 네이버 웹소설, 로망띠끄 같은 사이트를 눈여겨 살펴보자.

★ 웹소설을 무료 연재하는 방법

① 조아라: 회원가입 → 마이페이지 → 새 작품 등록
② 북팔: 회원가입 → 작가 홈 → 내 작품 → 작품 목록 → 작품 쓰러 가기 등록
③ 문피아: 회원가입 → 내 서재 → 작가 프로필 작성하기 등록

*문피아에는 등급별로 '자유 연재', '일반 연재', '작가 연재'가 있다. '자유 연재'는 누구나 자유롭게 연재가 가능하다. '일반 연재'는 자유 연재에서 7.5만 자 이상 연재 후에 가능하다. 가장 높은 단계인 '작가 연재'를 하려면 종이책, 이북 등 두 작품 이상 출간하고 완결한 작가만 가능하다.

무료 연재를 위해 무엇을 준비할까?

① 글쓰기 전략

여러분 중에는 글을 조금이라도 써본 경험이 있는 사람도 있을 것이고, 전혀 없는 사람도 있을 거다. 경험이 부족해도 문제없다! 매일 목표치를 정하고 조금씩 계단을 오르듯 차곡차곡 글을 쓰면 된다. 아주 작고 보잘것없다 해도 글이 쌓이면 하나의 작품이 된다. 하루하루가 쌓이면 어느 정도 완성된 작품이 나온다. 손 볼 곳이 많은 허점투성이 글이라도 한 편을 완성해보는 경험이 필요하다.

초보 작가라면 처음부터 욕심을 내면 안 된다. 하루 이틀 쓰고, 마음 먹은 대로 글이 써지지 않는다고 내팽개치지 말자. 끈질기게 의자에 앉아서 나 자신과 싸움을 해야 한다. 글 쓰는 행위 자체가 힘들다고 토로하는 기존 작가들도 많다. 하물며 시작하는 입장에서 힘든 것은 당연하다. 그런데 작가들이 다시 책상에 앉는 이유는 무엇일까?

그건 희열 때문이다. 온갖 어려움을 이기고 쓴 작품이 완성되면 가슴이 벅차오른다. 목표한 대로 웹소설을 완성했다면 그 기쁨은 몇 배로 돌아온다. 예비 작가인 여러분에게는 아직 먼 일 같겠지만 완성된 작품이 사이트에 올라왔다고 상상해보자. 조회수가 올라가고 독자들의 반응이 하나둘 오고 있다면 마음이 어떨까?

웹소설 작가가 되고 싶다면 당장 글을 써야 한다. 그동안 습작을 해보았다면 무료 연재로 작품을 올려보자. 웹소설 작가가 되고 싶다고 입으로만 떠든다면 아무것도 하지 못한다. 그저 몽상가에 지나지 않는다. 1년이 지나고 2년이 지나도 똑같을 것이다. 중요한 건 행동이다. 이야기 만들기는 자신 있는데 글쓰기가 어렵다면 작법 책을 읽어보자. 책에서 제시한 방법대로 글을 쓰면서 훈련하는 것이다.

② 작품 평가받기

남에게 자신의 글을 보여주는 것은 참 어려운 일이다. "꼭 누구한테 보여줘야 하나요? 부끄러운데…. 그냥 저 혼자 볼래요."라고 말하는 친구들도 있다. 세상에 평가받기를 좋아하는 사람은 없다. 그러나 작가는 '평가'를 받는 운명이고 이를 받아들여야 한다. 평가받는 일에 익숙해져야 하고, 더 나은 이야기를 만들기 위해 여러 차례 글을 수정하는 일도 감수해야 한다. 평가받는 일이 부당하고 싫다면 이 직업에 대해 다시 생각해보기 바란다.

먼저 주변 사람들에게 자신의 글을 보여주는 것에 익숙해지자. 처음에는 부끄럽고 어디에 숨고 싶지만 습관이 되면 적응이 된다. 칭찬이든 악담이든 자신의 글을 읽어주는 것 자체가 감사한 일이다. 하지만 부모님이나 친한 친구에게도 원고를 보이는 게 불편하다면, 글쓰기 모임에 참여해보는 것도 좋다. 온라인이나 오프라인 모임에 참여해서 글동무를 만드는 것이다. 글쓰는 친구들을 만나면 따뜻하고 섬세한 평가를 받게 된다. 그들은 누구보다 진지한 태도로 여러분의 글을 평가해줄 것이다.

글을 평가받으면 무엇이 좋을까? 첫째, 글 쓰는 행위를 진지하게 생각하게 된다. 캐릭터 설정, 줄거리, 소재, 자료 조사 등에 대한 책임을 느낀다. 둘째, 글을 평가받으면서 두려움, 설렘, 만족, 화남, 아픔, 분노, 미움, 동정 등의 복잡한 감정을 느낄 수 있다. 사람은 누구나 칭찬을 받으면 기분이 좋지만, 나쁜 평가를 받으면 절망을 느낀다. 이 두 감정 모두 피할 길은 없다. 중요한 건 글을 고치고 발전시키는 것임을 항상 명심하자.

③ 작품을 세상에 내놓을 용기

원고 다음으로 필요한 것은 무엇일까? 웹소설 사이트 소개란에 올릴 시놉시스? 키워드 분류? NO! 아니다. '용기'이다. 작가는 글만 잘 쓰면 되는 직업이라고 생각할 수도 있지만 그건 너무 단순한 생각이다. 작가는 자신이 쓴 글이 대중에게 읽히는 것을 목적으로 일하는 사람이다. 그러므로 자신의 작품을 당당히 세상에 내보일 '용기'가 있어야한다.

글을 남에게 보여주는 것은 쑥스럽고 부끄러운 일이다. 만약 여러분의 글이 수천수만의 사람들에게 읽힌다고 생각해보라. 허허벌판에 벌거벗고 서 있는 듯한 기분이 들 것이다. 인기를 마음껏 누리기 전에 아마 부끄러워서 쥐구멍이라도 찾아 들어가고 싶은 마음일 것이다. 매력적이지 않은 캐릭터, 개연성 없는 스토리, 작게는 오타, 맞춤법, 띄어쓰기, 어색한 표현까지 작가로서 부족한 능력을 들키지나 않을까 염려하는 마음도 들 것이다.

웹소설 작가는 독자 반응을 늘 신경 써야 한다. 세상에는 좋은 독자들이 많지만, 그렇지 않은 사람들도 있다. 감정적인 악플을 달아 작가를 공격하기도 하고, 공감하기 힘든 이유로 원망을 쏟아내기도 한다. 이유 없이 작품이나 작가를 싫어하는 독자도 있다.

웹소설가의 무대는 '웹'이다. 어떤 사람을 만나도 이상하지 않은 곳이자, 누구에게나 열려 있는 공간이다. 그럴수록 웹소설 작가는 방탄조끼를 입은 듯 마음을 단단히 다잡아야 한다. 내가 쓴 글과 함께 세상에 나가 사람들을 만날 준비를 해야 한다. 그래서 용기가 필요하다. 난데없는 공격에도 굳건하게 서 있을 수 있는 용기 말이다.

④ 플랫폼 분석하기

플랫폼에 작품을 올릴 때 생각해야 할 4가지가 있다. 가상의 작가들을 통해 이 4가지를 알아보자.

첫째, 내 작품이 플랫폼의 성격과 잘 맞는가?

작가 '-A'는 여성향 작품을 쓰고 있다. 그는 먼치킨 여자 기사가 활약하는 로판을 남성향 플랫폼에 올렸다. 여성향 로판이 인기 있는 플랫폼은 경쟁이 너무 세서 눈에 띨 자신이 없었기 때문이었다. 자기 작품이 남성향과 견주어도 나쁘지 않을 거라는 판단에 과감히 올렸는데, 주목도 못 받고 순식간에 사라져버렸다. -A가 올린 남성향 플랫폼은 어디일까? 바로 판타지, 현대 판타지, 무협, 스포츠, 퓨전 작품이 판을 치는 플랫폼이었다. 이 작가는 무엇을 잘못한 것일까?

둘째, 플랫폼에 있는 주요 독자들의 성향을 만족시킬 만한 작품인가?

작가 'baby'는 십대들의 사랑 이야기를 잘 쓴다. 발랄하고 풋풋하지만 그렇다고 마냥 가볍지만 않은 현로를 추구한다. 그런데 플랫폼 반응이 영 미적지근하다. 이야기가 가볍고 유치하다는 댓글이 자꾸만 올라온다. 무엇이 문제일까? baby는 독자의 연령층에 대해 생각해보지 않은 것이다. 10~20대가 모여 있는 플랫폼 대신 연령층이 높은 '로망띠끄'에 글을 올린 것이다. baby는 앞으로 어떻게 해야 할까?

셋째, 조회 수를 늘릴 비장의 무기가 있는가?

작가 '짱'은 자신만만한 스타일이다. 다른 작가들이 작품의 기획 의도와 시놉시스, 회마다 터트릴 비장의 무기를 준비하고 있다는 말을 들었지만 그는 걱정하지 않았다. 자신의 감을 믿었기 때문이다. 머리도 남들보다 좋고, 몸도 튼튼하니까 매일 쓰면 새로운 영감이 그때그때 떠오를 거라 확신했다. 그런데 막상 연재를 시작하자 연참을 해도 선작

은 오르지 않았다. 조회 수는 갈수록 떨어졌다. 짱의 문제
는 무엇일까?

넷째, 투데이 베스트에 올라갈 전략이 있는가?

작가 'K-star'는 투데이 베스트에 오르겠다는 목표로 최
선을 다했다. 매회 조회 수를 늘릴 비장의 무기를 연구했
다. 재미있고 흥미진진한 줄거리, 깜짝 놀랄 만한 사건, 극
적 긴장감을 올릴 분위기, 독자 이목을 집중시킬 캐릭터,
주인공들이 나누는 숨 막히는 대사에 대해 계획을 세웠다.
그 결과 투데이 베스트에 오르게 됐다. 작품 분량, 조회 수,
추천 수, 선호 작품이 더해진 결과였다. 그는 너무 기뻐 눈
물을 흘렸다. 며칠 후 여러 출판사에서 메일이 왔다. 작가
K-star의 장점은 무엇일까?

웹소설 작가가 되는 길
② 투고

부푼 기대를 안고 무료 연재를 시작했는데 주목을 하나도 못 받았다면? 공모전에 응모했는데 수상은커녕 계속 떨어진다면? 이럴 땐 망설이지 말고 다른 방법을 찾아야 한다. 투고가 그 방법이 될 수 있다.

투고의 장점은 여러 출판사에 '내 원고'를 보낼 수 있다는 점이다. 이때 여러 군데에서 연락이 올 수도 있다. 그럴 때는 더 좋은 조건을 제시하는 곳을 고르면 된다. 거절을 당했다고 해도 기분 나빠할 필요는 없다. 내 작품에 문제가 있다기보다 그 출판사와 맞지 않는다는 뜻이기 때문이다. 간혹거절한 출판사에서 좋은 선물을 보내주기도 한다. 그 선물이란 '피드백'이다. 전문가들의 의견과 조언은 피가 되고 살이 된다. 나조차 모르는 작품의 장·단점을 깨우쳐준다.

★ 투고할 때 이렇게!

① 각 출판사에서 제시하는 분량을 체크해야 한다. 기준은 출판사마다 다르다.

② 투고를 할 때는 시놉시스가 필요하다. 출판사에서 시놉시스 형식을 주기도 한다.

③ 항상 투고를 받는 출판사도 있고, 그렇지 않은 곳도 있다. 투고 게시판을 따로 운영하는 출판사도 있다. 각 출판사 홈페이지와 블로그, SNS를 확인하는 것이 가장 정확하다.

④ 출판사에서 투고 원고를 검토하는 기간은 약 2~4주 정도이다. 그 기간 동안 너무 초조해하지 말고 마음을 잘 다스리며 기다리는 것이 좋다.

투고를 위해 무엇을 준비할까?

초보 작가 U의 첫 투고 스토리를 함께 들어보자.

#01 내 작품을 보내다

딸깍딸깍, 무선 마우스 움직이는 소리가 들려온다. 초보 작가 U는 출판사에 보내는 메일에 원고와 시놉시스 파일을 첨부하고, 작품의 특징이 드러나는 문구도 썼다. 이제 보내기만 하면 되는데, 손이 떨린다.

'내 소설을 거절하면 어쩌지⋯.'

초보 작가 U는 아직 일어나지도 않은 일을 걱정하며 가슴을 졸인다. 그는 빨라지는 심장박동을 느끼며 보내기 단추를 누른다.

★ 투고를 할 때는 원고, 시놉시스, 작품이 대한 짧은 소개글을

적어 보낸다.

★ 메일 제목에 투고 원고임을 알리고 이름과 제목을 쓴다.

(예) [투고 원고] 박세랑, 막내아들의 SSS급 스페셜티

#02 연락을 기다리며…

투고 메일을 보내고 수신 확인을 해보니 오후쯤에 확인한 듯하다. 그러나 답변은 3주가 지나도록 오지 않았다. U는 타들어 가는 마음을 진정시키려 노력했지만, 뜻대로 되지 않았다. 개인적으로 좋아하는 출판사라서 긍정적인 답변을 받았으면 하는 마음이 간절하다.
한 달 후에 답변이 도착했다. 미소 띤 얼굴로 메일을 읽던 U는 거절의사를 확인하고 그만 책상에 얼굴을 파묻는다.

★ 출판사 연락을 기다리며 하루에 수십 번씩 메일을 열어보는
  것보다 가벼운 산책을 하며 다음 이야기를 구상해본다.

★ 재미있는 웹소설을 읽으며 독자의 자리로 돌아가 보는 것도
  좋다.

#03 다시 일어서다

그런데 출판사 담당자가 보낸 메일에는 칭찬이 가득했다. 작품의 소재가 신선하며 어느 작품보다 개성 있고, 주인공도 매력 있다는 내용이었다. 하지만 작품의 방향이 출판사와 맞지 않아 출간이 어렵겠다는 내용이었다.

반나절 엎드려 있던 U는 결심한 듯 컴퓨터 앞에 앉아 다시 메일을 쓰기 시작했다. 총 다섯 군데에 투고 메일을 보낸 뒤, 가슴이 들썩여지도록 한숨을 내쉬었다.

★ 내가 좋아하는 출판사와 내 작품을 좋아하는 출판사는 다르
다. 내 작품과 잘 맞는 출판사들을 찾아 리스트에 적고, 해당
출판사에 대한 정보도 꼼꼼히 찾아본다.

출판사 리스트 만들기

나만의 출판사 리스트를 만들어보자. 우선 웹소설을 많이 읽어봐야 한다. 읽다 보면 좋은 소설, 싫은 소설, 내 취향에 딱 맞는 소설 등 자기만의 기준이 생길 것이다. 웹소설을 보는 눈도 키울 수 있고, 동시에 출판사의 성격을 알 수 있다.

출판사 리스트를 만들려면 다른 웹소설을 볼 때 보통 독자가 아닌 전문가의 눈으로 보아야 한다. 웹소설 플랫폼의 '주간 베스트' 상위에 오른 작품 중에 마음에 드는 것을 골

라 출판사 이름을 확인한다. 그 작품을 보고 괜찮았다면 같은 출판사에서 낸 다른 작품도 읽어본다. 또는 많은 사람들이 읽은 작품 중에서 고른다. 이렇게 모은 정보를 그냥 흘려버리지 말고 다음과 같이 정리해보자.

★출판사(플랫폼) 리스트 정리 방법

- 출판사: 디앤씨 미디어
- 작품(장르): 나 혼자만 레벨업(판타지)
- 홈페이지 및 SNS 주소: www.dncmedia.co.kr
- 이메일: papy_dnc@dncmedia.co.kr
- 특이: 내 작품과 잘 맞을 것 같다. 꼭 계약하고 싶다!

출판사에 대해 알기

초보 작가 U는 지금까지 출판사 열 군데에 원고를 보냈지만, 매번 거절 메일만 받았다. 그러던 어느 날, 신생 출판사에서 계약을 하자며 연락이 왔다. U는 감격해서 눈물을 흘리며 이것저것 살펴보지 않고 당장 계약을 하러 갔다. U의 기쁜 마음은 이해되지만 이때 서둘지 말고 검토해보아야 할 것이 있다.

계약을 하기 전에는 반드시 출판사 정보를 검색해보아야 한다. 인터넷에 출판사 이름을 검색해서 회사의 정보를 읽어보고, 웹소설 작가들이 모여 있는 웹사이트에 들어가 궁금한 사항을 물어보거나 정확한 정보를 얻어야 한다.

번갯불에 콩 볶듯 급하게 한 계약은 좋지 않은 결과를 불러올지 모른다. 초보 작가 U처럼 오랫동안 기다려 온 기회라도 작가의 권리를 꼼꼼히 따지고 사인을 해야 한다. 계약서에 작가에게 불리한 조항이 있을 수 있다는 점을 항상 명심해야 한다.

ㄱ)

가하

· 홈페이지: www.ixbook.co.kr

· 투고 메일: webmaster@gahabooks.com

· 작품(작가): 김비서가 왜 그럴까(정경윤), 숙적과의 동침
(고지영), 그 여름 나는(최수현), 나라를 구했다(신해영), 죄
악의 열매(촘촘), 아내가 돌아왔다(이보나), 홈, 비터 홈(심윤
서) 등

고렘팩토리

· 홈페이지: golemfactory.com

· 투고 메일: golem8182@gmail.com(판타지/무협)

ssameone2@naver.com(로맨스/로맨스판타지/BL)

· 작품(작가): 리더(Reader):읽는 자(강철민), 검술명가 막내
아들(황제펭귄), 셋 아닌 둘(NAPUL), 프리실라의 결혼의뢰
(임서림), 블러디 슈어(임유니), 사장님의 고양이(황곰) 등

교보문고(톡소다)

· 홈페이지: http://www.tocsoda.co.kr

· 투고 메일: tocsoda.no1@gmail.com

그래출판(체온/SURE/미열)

· 블로그: blog.naver.com/graebooks

· 투고 메일: G_estory@yes24.com

· 작품(작가): 시엘레 시엘리아(김파란), 파고들다(설이영), 마녀의 저주(서루), 이사님의 달콤한 레시피(송은재), 나의 꽃, 나의 왕비(다슬), 살을 탐하다(김호반), 수요에서 공급(해태) 등

ㄴ)

늘솔북스

· 블로그: blog.naver.com/alwaysole

· 투고 메일: alwaysole@naver.com(로맨스/BL/판타지)

· 작품(작가): 찰(擦)(가화연), 시간을 거스른 사랑(하진), 너의 사랑스러운 죽음(덕자쿵), 미련(디플리), 우리의 끝(프리본), 비설도(緋雪島)(오금묘), 뒤틀린 복수(오른별) 등

ㄷ)

다산북스(블라썸/라비앙/몬스터)

· 블로그: blog.naver.com/dasandigital

· 투고 메일: ebook@dasanbooks.com(로맨스/로맨스판타지/판타지/무협/퓨전/BL 등)

· 작품(작가): 뜨겁게 온리원(윤에니), 북쪽 땅이 그대를 부르면(슈크림빵), 평행성(새벽바람), 너에게 친절한 세상(올밤), 성좌빨로 폭풍성장(H태희), 필드의 수강생(홍비) 등

대원씨아이 로맨스(라렌느/모드/클로젯/폴라리스/플로레뜨)

· 블로그: blog.naver.com/dw_romance

· 투고 메일: dw_romance@dwci.co.kr(로맨스판타지/BL/로맨스)

· 작품(작가): 악마를 교화하는 방법(몽슈), 어느 용을 위한 신화(서사희), 트로피컬 아일랜드(램보프), 나락의 목소리(여러해살이풀), 죽여줘요 루드빌(우지혜), 더티 매리지(오울) 등

동슬미디어

· 블로그: blog.naver.com/dongsle-2016

· 투고 메일: dongsle-2017@naver.com

· 작품(작가): 내게 와(조민혜), 그림을 그리다(황주현), 윤주

(송지성), 이안류(허도윤), 흑랑: 검은이리의 신부(윤솔미), 황제의 장미(여수다), 진하디진한, 쓰디쓴(강하현) 등

동아(제로노블/문릿노블/시크노블)

· 블로그: blog.naver.com/lion6370

· 트위터(제로노블): https://twitter.com/zeronovel

　　　(시크노블): twitter.com/chic_novel

· 투고 메일: lion6370@naver.com(판타지/로맨스)

bear6370@hanmail.net(BL)

· 작품(작가): 아도니스(혜돌이), 그림자 없는 밤(김미유), 꽃에게 복종하세요(프레스노), 괴물의 아내(우룬), 셰리 공녀 이야기(아일린), 향기의 바람이 닿은 곳은(봉다미) 등

드림북스

· 블로그: blog.naver.com/dreambookss

· 투고 메일: sycnc@samyangcnc.com

· 작품(작가): 정령왕 엘퀴네스(이환), 봉신(양홍준), 이드(김대우), 두 번 사는 랭커(사도연), 수라전설 독룡(시니어), 환생왕(요도 김남재), 신화의 전장(박정수) 등

디엔씨미디어(www.dncmedia.co.kr)

· 홈페이지: www.ipapyrus.co.kr

· 투고 메일: papy_dnc@dncmedia.co.kr(판타지/무협 등)

· 작품(작가): 영웅 회귀하다(흑아인), 나 혼자만 레벨업(추공), 아기부터 시작하는 연예계 생활(어흥선생), 스타 메이커(샤이나크), 헌터하는 마왕님(방탄 유리), 천마를 삼켰다(stay) 등

디엔씨미디어(블랙라벨클럽/잇북/디앤씨북스)

· 블로그: blog.naver.com/dncbooks

· 투고 메일: dncbooks@dncmedia.co.kr

· 작품(작가): 악녀의 정의(주해온), 한 입에 꿀꺽(윤이수), 여기사는 더 이상 검을 들지 않았다(라미K), 이제 그만 파혼해 드릴게요(꾸꾸즈), 릴리의 슬기로운 독신 생활(송이바) 등

ㄹ)

라온이앤엠

· 홈페이지: www.raonenm.com

· 투고: 홈페이지 내 독자 투고란을 이용하자.

· 작품(작가): 성스러운 아이돌(신화진), 로또 1등도 출근

합니다(서인하), 재력으로 후려치는 환생 경찰(배뿌), 업어 키운 걸그룹(burn8), 회귀한 톱스타의 힐링라이프(베어구미스) 등

라떼북

· 홈페이지: www.lattebook.co.kr
· 투고 메일: info@mydepot.co.kr(홈페이지 작품 투고란에 올리면 된다. 메일로 직접 투고해도 편집자가 검토 후 회신해준다.)
· 작품(작가): 살려주세요(페일핑크), 정실(박죠죠), 질 나쁜 선배(달슬), 황후가 바뀌었다(Miss리베라), 꽃의 짐승이 구혼을(도뚱), 써틴 스피릿(허리디스크), 각별한 취미(온당한) 등

로망띠끄(로망로즈/로망베타/BLme)

· 홈페이지: new.toto-romance.com
· 투고 메일: eromance2004@naver.com

로크미디어

· 블로그: blog.naver.com/rokmediabooks
· 투고 메일: wang.sh@rokmedia.com(판타지/무협)
· 작품(작가): 무한의 마법사(김치우), 믿고 보는 봉감독님(이앙), BJ는 종말에 적응했다(왕모찌), 우리 삼촌은 월드스

타(네딸아빠), 일신상의 이유로 잠시 휴재합니다(크래커) 등

로크미디어 로맨스(로코코/르네/퀸즈셀렉션)

· 블로그: blog.naver.com/rokmedia

· 투고 메일: romance@rokmedia.com

· 작가(작품): 순수하지 않은 감각(요안나(유아나)), 가시 뽑힌 장미(채은), 사육제(이서한), 위험한 유산(뭐냐냠), 우아한 야만의 바다(틸다킴), 황금숲(윤소리), 비정규직 황후(한민트) 등

루트미디어(루트북스&플레이뷰)

· 홈페이지: www.rootmedia.co.kr, www.playview.co.kr

· 투고 메일: rootnovel4@hanmail.net

· 작품(작가): 힘 마스터(강철민), 레벨이 깡패다(엉뚱한 앙마), 히든 리거(엉뚱한 앙마), 전쟁검신(구로수번), 경영의 대가(니콜로) 등

리디북스

· 홈페이지: ridibooks.com

· 투고 메일: editor@ridi.com

ㅁ)

마야마루 출판사

· 홈페이지: www.mayabooks.co.kr

· 투고: 홈페이지 내 독자 투고란을 이용한다.

· 페이스북: www.facebook.com/mayamarubooks

· 작품(작가): 템빨(박새날), 각성 받고 각성 더!(윤지겸), 세상이 망나니라 깽판침(AKARU), 그 헌터의 자취방(황금타조), 돌아오니 SSS급 몬스터(두루마리), 나는 헌터다(화운) 등

마야마루 로맨스(마롱/마르스/말레피카/페리윙클/엠블루)

· 블로그: blog.naver.com/m_romance

· 투고 메일: mromance@mayabooks.co.kr

· 작품(작가): 언박싱 와이프(피오렌티), 탐낼 수 없는(이른꽃), 당신을 완벽히 버리는 법(이른꽃), 단맛(포포친), 폭군의 아이를 가졌습니다(류란), 내 약혼자의 애인을 찾습니다(박귀리) 등

문피아

· 홈페이지: www.munpia.com

· 투고: 홈페이지 내 투고란을 운영하지 않는다. 무료 연재란을 이용해야 한다.

민트북스(페퍼민트/민트BL/딜(Dill))

· 홈페이지: www.mintbooks.co.kr

· 투고 메일: mintbooks@naver.com

· 작품(작가): 내가 진짜 성녀였다(류소혜), 악녀인데요, 죽어도 될까요?(하이마이디어), 말레우스 말레피카룸(홍마노), 약탈당하다(마뇽), 왜 이러세요 시어머니?(채주아) 등

ㅂ)

봄 출판사(크라운 노블)

· 블로그: blog.naver.com/bommedia

· 투고 메일: bommedia@naver.com

· 작품(작가): 황태자비의 남자(진숙), 남편을 기억하는 법(설하린), 불온한 결속(요안나), 9년 만의 사과(이지윤), 청사기연가(윤희원), 운명을 울리다(훈), 봄이 오나 봄(단꽃비) 등

북팔

· 홈페이지: novel.bookpal.co.kr

· 트위터: https://twitter.com/bookpalkorea

· 투고 메일: promotion@bookp.al

뷰컴즈

· 홈페이지: www.viewcommz.com

· 투고: 홈페이지 Contact, 또는 투고/작품 문의를 이용한다.

· 작품(작가): 내게 복종하세요(견우), 못된 짐승을 길들이는 법(라치크), 조연은 너나 하세요(라치크), 페어리 트랩(첼리아케), 폭군과 여우(사슴묘묘), 그믐밤에 달이 뜬다(해비야) 등

브리드

· 홈페이지: www.breathe.co.kr

· 투고 메일: contents@breathe.co.kr

· 작품(작가): 절대 반지를 주움!(딸기연필), 이세계 매니지먼트(딸기연필), 도굴왕(산지직송), 탐식의 재림(로유진), 쉬고 싶은 레이디(유인), 비서 실격(비향), 제왕의 꽃(이승희) 등

비엔비컴퍼니

· 블로그: blog.naver.com/bnbcompany2

· 투고 메일: bnbcompany2@never.com, onesmy@naver.com

· 작품(작가): 두 번째 사랑이 오셨습니다(참달콤), 달콤하고 고혹적인 나의 마녀(세컨시즌), 사막에도 꽃은 핀다(반

술), 총희(루아베르딕), 아찔하게 스며드는(초록나무샘) 등

뿔미디어

· 홈페이지: www.b-books.co.kr

· 투고 메일: bbulmedia@hanmail.net(판타지/무협)

· 작품(작가): 강민혁, 세계를 먹다(머리아픈이), 헬 다이버
즈(작가G), 임페리얼 가드(보헤미아), 혈마제, F급으로 환생
하다(목선생), 더 퍼거토리(김경록), 그린 하트(미르영) 등

뿔미디어(다향/스칼렛/FEEL/B&M)

· 블로그: blog.naver.com/PostList.nhn?blogId=dahyangs

· 투고 메일: dahyangs@naver.com(로맨스), scarlets2012@
hanmail.net(로맨스), bnm2011@hanmail.net(BL)

· 작품(작가): 짐승계약(이서한), 가짜 남편(탠저린), 연리지
서(김유미), 나를 품어줘(차해솔), 당신이 원하시는 대로(단
다름), 구원자의 요리법(여왕), 패스파인더(여왕) 등

ㅅ)

삼양씨앤씨(단글/피오렛/로즈벨벳/벨노블)

· 블로그: blog.naver.com/dan_gul

· 투고 메일: sycnc@samyangcnc.com(로맨스/로맨스판타지/
성인로맨스/BL 등)

· 작품(작가): 흑룡의 취향(강규원), 시그리드(시야), 마지막
여행이 끝나면(하늘가리기), 다정한 집착(백하), 널 안으려고
해(트루아이), 사의 찬미(칼리엔테), 드라마(달로와) 등

스토린랩(하트퀸/시계토끼/체셔)

· 홈페이지: storinrab.cafe24.com

· 트위터: https://twitter.com/storinlab_new

· 투고 메일 : storin_madhat@storinlab.com(판타지, 무협)
storin_romance@storinlab.com(로맨스, 로맨스판타지, BL)

· 작품(작가): 피폐소설 속 남편을 보살펴 주었다(해꽃), 해
와 달의 왕녀, 여왕이 되다(김은아), 형제들의 감옥(마뇽),
사랑은 결혼의 조건이 아니다(다정한 바다) 등

신영미디어(신영로맨스/녹스/루시노블/이클립스)

· 홈페이지: www.sybook.co.kr

· 트위터: https://twitter.com/shinyoung_books

· 투고 메일: sy@sybook.co.kr(로맨스, 녹스)

lucy@sybook.co.kr(로맨스 판타지)

eclipse@sybook.co.kr(BL)

· 작품(작가): 궁에는 개꽃이 산다(윤태루), 가지 마(정애녹), 네가 죽기를 바랄 때가 있었다(진서), 악당 아빠를 입양했다(윤슬), 최종 보스의 애인이라니 오해입니다(KEN) 등

CL 프로덕션

· 블로그: blog.naver.com/cl_production

· 투고 메일: cl_production@kwbooks.co.kr(로맨스/로맨스 판타지/BL)

· 작품(작가): 악녀는 회귀했다(진주하), 나쁜 마녀의 폐업 선언(목요), 도주하는 대공비(홍시안), 장 비서의 애 아빠(히아루론), 더티 뉴욕 스캔들(김로제), 아임 소서러(셜콩) 등

아)

에피루스

· 홈페이지: www.ebookclub.co.kr

· 투고 메일: 홈페이지 하단 투고란

연담

· 블로그: blog.naver.com/yeondam_

· 트위터: twitter.com/yeondam_comic

· 투고 메일: yeondom_@naver.com(연담은 상시 투고를 받지 않는다. 투고를 받는 기간이 따로 있다.)

· 작품(작가): 에보니(자야), 검을 든 꽃(은소로), 왜 이러세요, 공작님!(반달반지), 남주의 연적이 되어버렸다(설이수), 양판소 주인공의 아내로 살아남기(녹끼), 엘리자베스(마세리) 등

연필

· 블로그: blog.naver.com/PostList.nhn?blogId=bookhb

· 투고 메일: editor@bookhb.com

· 작품(작가): 최종 보스의 아들이 되었다(월운), 정령 포식자(시트리), 성녀는 은밀한 사랑을 꿈꾼다(새우꽃빵), 불건전 소꿉친구(릉도원), 토끼 사냥이 끝난 후 사냥개는(르페이) 등

예원북스(LINE)

· 블로그: blog.naver.com/yw_line

· 투고 메일: yw_line@naver.com

· 작품(작가): 전 남편과의 첫날밤(은은한), A에 대하여(오
햇살), 삼국지 서한전(pioren), 이세계 보모 S급 헌터되다
(yongh), 성냥팔이 소년(레드핀셋), 사랑방 손님과 나뭇꾼(계
피야) 등

와이엠북스

· 블로그: blog.naver.com/ymbooks2012

· 투고 메일: ymbooks@nate.com

· 작품(작가): 운명은 우연처럼(주이니), 리셋하시겠습니
까?(볼빵이), 최약, 최강이 되기까지(아피), 이태원동 486번
지(유랑), 선의는 없다(쏘삭쏘삭), Knight, 일레나(STONA) 등

웅진씽크빅(사막여우/달밤/벨루가)

· 블로그: blog.naver.com/wj_fennecfox

· 투고 메일: wj_fennecfox@naver.com

· 작품(작가): 불현듯이 우리는(이래서), 새장(휘파람21), 충
직한 검이 되려했는데(시이온), 내게로 와요(박정아), 운명이
라면 찬란하게(정소영), 나의 치명적인 연인(숨결같이) 등

윤송(도서출판 윤송/윤송스피넬/윤송벨리/윤송블린)

· 블로그: blog.naver.com/younsongbook

· 투고 메일: webnovel@younsong.co.kr

· 작품(작가): 더티 스캔들(진소예), 페어 트레이드(진소예), 궐에서 사랑을 찾다(이유경), 트웨니 포 세븐(혜율), 페레슈 페는 죽지 않았다(빛날콩), 수위조절 불가(미로화시) 등

ㅈ)

JK미디어(DIAMANT)

· 블로그: blog.naver.com/jk_books

· 투고 메일: jk_books@naver.com(판타지 무협) diamant_jk@daum.net(로맨스 판타지)

· 작품(작가): 멸망한 가문의 회귀자(painkiller), 마도전생기 (codezero), 최강이 돌아왔다(시론), 반지로 세상을 흔들어(고갱), 흑막 여주가 날 새엄마로 만들려고 해(목감기) 등

ㅊ)

청어람 로맨스

· 블로그: m.blog.naver.com/PostList.nhn?blogId=roramce

· 투고 메일: roramce@naver.com

· 작품(작가): 레이디 오드리의 인생(네르비), 츤데레의 정석(윤소다), F**kin' Hero(유로파), 나의 하루, 나의 꽃(화예), 악마는 신세를 입는다(봄쌀), 나쁜 입술(예거) 등

ㅋ)

코튼북스

· 트위터: twitter.com/cotton_books

· 투고 메일: cottonbooks2020@gmail.com

· 작품(작가): 까마귀는 반짝이는 것을 좋아해(씨씨), 직장내 불순교제(씨씨), 카타리나 공녀를 건드리지 마세요(Angelica), 왕녀의 개는 핥는 걸 좋아한다(사약술사) 등

코핀 커뮤니케이션즈(이지레드/델피뉴/페로체/크로커스/코핀이지)

· 블로그: blog.naver.com/easycontents

· 투고: 공지>웹소설 모집>투고하기

· 작품(작가): 쉬운 여자의 결혼 조건(마담벨), 비늘아씨(몽월화), 바람의 말에 귀를 기울이면(윤림), 그곳에서 너를 기다리다(ohken), 저주받아 스펙업(미디니움), 다정검객무정검

(고룡) 등

크라운 노블

· 트위터: twitter.com/crownnovel

· 투고 메일: crown-novel@daum.net(로맨스 판타지)

· 작품(작가): 내 글에 미친 팬이 집착한다(세나), 브릴리언
트 로즈(서민지), 그 악조님이 처한 상황(풀잠), 사랑의 매
(정이채), 이웃 백작가에는 전생의 친구가 산다(온목) 등

KW북스(CL 프로덕션)

· 블로그: m.blog.naver.com/PostList.nhn?blogId=kwbooks5

· 투고 메일: fantasy@kwbooks.co.kr(판타지, 무협)

· 작품(작가): 만년 만에 귀환한 플레이어(나비계곡), 엑스
트라가 너무 강함(김재한), 고인물 플레이어(류승현), 다시
태어난 베토벤(우진), 재벌집 막내아들(산경), 막장드라마의
제왕(고별) 등

ㅌ)

테라스북

· 블로그: blog.naver.com/terracebook

· 투고 메일: terracebook1@daum.net

· 작품(작가): 팔려온 신부(시크크), 본능적인 그대(이달아), 공주, 폭군을 유혹하다(진숙), 위험천만한 연애(Lunar 이지연), 애타는 로맨스(Lunar 이지연), 터치터치 그대(이달아) 등

텐북

· 홈페이지: tenbook.co.kr

· 투고 메일: edit@tenbook.co.kr(홈페이지 내 원고 투고란)

· 작품(작가): 내 죽음으로 흑화하지 마세요(르릅), 푸른 별에 사는 여우(채은), 절대역(교결), 절벽에 뜬 달(현민예), 상사의 맛(마호가니), 찰싹, 미안 나도 모르게 그만(세레나향기) 등

ㅍ)

파란미디어

· 카페: cafe.naver.com/paranmedia

· 페이스북: https://ko-kr.facebook.com/paranbook

· 투고 메일: paranbook@gmail.com

· 작품(작가): 성균관 유생들의 나날(정은궐), 해를 품은 달(정은궐), 거짓말의 거짓말의 거짓말 (류다현), 사랑도 처방이 되나요(최준서), 뉴욕의 연인(최준서), 계약직 아내(류다

현) 등

피우리

· 홈페이지: piuri.com

· 카페: http://blog.daum.net/piuri

· 투고: 투고는 따로 받지 않는다. 대신 새내기 작가가 연재 글을 올릴 수 있다.

피플앤스토리

· 홈페이지: www.people-story.com

· 트위터: twitter.com/ppnstory_editor

· 투고 메일: pns_contents@pnstory.kr(로맨스/BL/판타지/무협)

· 작품(작가): 나는 남주의 전 여친이었다(쥐똥새똥), 너와 사는 오늘(우지혜), 이제야 연애(서혜은), 키스 앤 크라이(망고곰), 더블 플레이어(자몽소다), 합의 결혼(메리유) 등

필연 매니지먼트

· 블로그: blog.naver.com/feelyeon2015

· 투고: 블로그 상단에 있는 '투고 문의' 버튼을 누르면 자

세히 안내되어 있다.

· 작품(작가): 약탈혼(사하), 막내 황녀님(사하), 악역의 사촌으로 살아남기(신록보다푸른), 테베의 절세미녀(클로엘(CLOEL), 데이지-공작의 혼약자가 되는 법(리사벨) 등

웹소설 작가가 되는 길
③ 공모전

공모전은 웹소설 작가가 되는 방법 중에 하나로, 많은 작가들이 원하는 길이기도 하다. 공모전 수상의 장점은 무료 연재나 투고처럼 무한정 기다릴 필요가 없다는 점이다. 공모전은 수상 발표일이 구체적으로 명시되어 있어 결과를 정확하게 알 수 있다.

공모전에서 수상자가 되면 많은 혜택을 얻는다. 우선 작가로서 이름을 알리며 상금도 받는다. 또 수상 작품으로 대형 출판사 혹은 플랫폼과 직계약을 맺는다. 플랫폼에 자신의 작품을 런칭할 때, 심사 없이 프로모션을 받는 특권도 누린다. (*출판사와 계약한 일반 작가들은 플랫폼 런칭을 위해 오랜 기간 심사를 받아야 한다. 최소 6개월 이상 걸리기도 한다.)

★공모전 기본 상식

① 공모전은 '플랫폼 공모전', '출판사 공모전', 여러 플랫폼이 뜻을 합쳐 공동으로 여는 '기획 공모전'이 있다.
② 공모전 형식은 '투고형'과 '연재형'이 있다.
③ 투고형 공모전은 '원고'와 함께 '시놉시스'가 필수로 요구된다.
④ 연재형 공모전은 작가가 직접 작품과 작품 소개를 올려야 한다. 공모전 시스템에 따라 예심과 본심, 독자 투표로 점수가 반영된다.
⑤ 평소에 플랫폼 및 출판사의 SNS 동향을 파악하는 습관을 들이면 공모전을 미리 준비할 수 있다. 또 웹소설 인터넷 카페에서 필요한 여러 정보를 얻을 수 있다.

공모전을 하려면 무엇을 준비해야 할까?

① 투고형 공모전

"원고와 시놉시스를 미리 준비하라."

공모전 경쟁은 치열하다. 작가 지망생은 물론이고, 기성 작가들도 대거 참여해 실력을 뽐내기 때문이다. 공모전 시기가 찾아오면 기성 작가들은 두 배로 바빠진다. 현재 플랫폼에 연재하는 웹소설과 공모전에 내야 할 원고를 동시에 써야 하기에 몸이 두 개로도 모자라다.

작가 지망생은 어떨까? 열정은 많지만 공모전에 대한 이해와 정보가 부족하여 허둥대기 일쑤이다. 또 글 쓰는 습관이 자리 잡혀 있지 않아서 원고를 완벽하게 준비하지 못한다. 그래서 마감 시간이 임박해서야 원고를 겨우 보낸다.

하지만 마음이 급하면 실수가 생긴다. 원고의 완성도는 떨어지고, 심사위원에게 잘 보여야 하는 시놉시스도 수준 이하이다. 그러나 문제는 여기서 끝나지 않는다. 메일 주소를 잘못 써서 메일이 되돌아온다. 되돌아오면 그나마 다행이다. 다른 곳으로 가면 내가 잘못 보낸 것도 모른다. 간혹 파일을 첨부하지 않아서 다시 보내야 하는 경우도 있다.

이런 최악의 상황을 겪지 않으려면 원고를 미리 준비해야 한다. 스케줄 표를 만들어서 달력에 표시하며 원고와 시놉시스를 완성하는 습관을 들이자. 그리고 마감 시간에 쫓겨서 보내지 말고, 최소 하루 전에 미리 원고와 시놉시스를 보내도록 하자. 그래야 혹시 모를 실수를 대비할 수 있다.

② 연재형 공모전

"독자와 심사위원의 눈에 띄어라."

연재형 공모전은 온라인 플랫폼에서 작품을 연재하는 방식이다. 95쪽에 소개한 '2020 제6회 대한민국 웹소설 공모대전'에 따르면 1회당 3천 자 이상을 연재해야 하며, 최소 30회, 15만 자 이상 연재해야 한다고 한다.

기본적으로 '투고형 공모전'이든, '연재형 공모전'이든 작가가 할 일은 같다. 공모전에 도전할 목표를 세웠으면, 작품을 완벽하게 완성해야 한다. 독창성과 대중성을 생각하면서 쓰고 고치는 일을 반복하고 완성도를 높여야 한다.

그리고 독자와 심사위원의 마음을 사로잡을 '제목'을 지어야 한다. 연재형 공모전은 무료 연재와 형식이 비슷하다. 가장 중요한 것은 독자의 눈에 띄어야 한다는 점이다. 작가가 아무리 작품을 잘 썼어도 독자들은 제목이 끌리지 않으면 클릭하지 않는다. 공모전에서 작품을 심사하는 심사위원도 마찬가지이다. 그러므로 작가는 최고의 제목을 짓기 위해 노력해야 한다. 문피아 등 플랫폼 상위에 오른 작품들의 제목을 분석해보는 것도 도움이 된다.

'작품 소개'를 잘 쓰는 것도 중요하다. 작품 소개는 지루하게 쓰면 안 된다. 최대한 흥미롭게, 보고 싶은 마음이 들게끔 써야 한다. 주인공이 어떤 사건을 거쳐서 어떻게 목표한 바를 이루는지 간단명료하게 알려줘야 한다. 잘 모르겠다면, 로그라인(이야기의 방향을 설명하는 한 문장) 쓰는 방법을 참고해 연습해보자.

③ 공모전 자료 모으기

공모전을 준비하는 작가는 자신의 레이더망을 최대한

곤두세워 정보를 파악한다. 혹시 자신이 뭔가 놓치고 있는 것은 없는지 출판사나 플랫폼의 SNS를 늘 살펴보고, 웹소설 작가 카페 등에서 필요한 정보도 열심히 모은다.

'유명 플랫폼 공모전', 깜짝 발표로 열리는 '기획 공모전', 매력 있고 개성 넘치는 '작은 공모전' 등 무수한 공모전들이 출판사와 여러 플랫폼에서 열린다. 작가는 그런 기회들을 얻기 위해 공모전 동향을 파악하며 작품을 준비한다. 자, 다음 공모전의 내용을 살펴보며 심사 기준이나 유의사항에 대해 꼼꼼히 체크해보자. 심사 기준이나 유의사항은 공모전마다 조금씩 다르지만, 큰 맥락에서 보면 비슷한 내용이므로 다음 내용을 통해 공모전에 대한 감을 익혀보자.

★ 2020 제6회 대한민국 웹소설 공모대전

① 주최
문피아(www.munpia.com/page/contest_2020)

② 모집 요강
- 공모 부분: 판타지, 무협, 현대물, 스포츠, 로맨스 등 모든 장르의 웹소설(19금 작품 참여 불가)
- 공모 자격: 기성 작가 및 웹소설 작가를 꿈꾸는 누구나(1인 중복 응모 가능)
- 접수 방법: 문피아 사이트에서 온라인 연재
- 연재 분량: 1회당 3천 자 이상 연재(프롤로그 제외), 최소 30회, 15만 자 이상(문피아 연재란 기준) 연재

③ 심사 기준
- 독창성: 소재와 이야기가 신선하고 새로운가
- 대중성: 많은 독자에게 쉽게 다가갈 수 있는가
- 발전 가능성: 작품의 마무리까지 안정적으로 할 수 있는가
- 해외 진출 가능성: 국내뿐만 아닌 해외 시장으로 진출 가능성이 있는가

④ 규정 및 유의사항
- 수상작 권리: 본 공모전에 선정된 작품의 저작권은 작가 본인에게 있습니다.
- 1권 기준 분량은 약 13만 자입니다. 보장 상금은 10권까지 지급되며 그 이후부터는 매출 기준으로 고료가 지급됩니다.
- 응모 전 상업화 서비스(유료 연재, 종이책/전자책 출간, 미리 보기 등)로 작품을 공개한 적이 있거나 다른 공모전에서 수상한 경우 참가가 불가능합니다.

- 공모전 기간 중 타 사이트나 카페에서 동시 연재는 불가능합니다.
- 원작이 있는 작품의 2차 저작물은 참가가 불가능합니다.
- 공모전에 참가하는 작가는 공모전 기간 동안 쪽지 기능 사용이 불가능합니다.
- 공모전 수상작품이 협의되지 않은 연중, 휴재될 경우 수상이 취소되며 지급된 상금은 회수 조처됩니다.
- 공모전 수상작품은 문피아 150화 선 독점 후 외부 유통이 가능하며, 결과 발표일로부터 1년간 문피아에서 1년간 자율적으로 이벤트가 진행됩니다.
- 참가 시 계약 확인이 안 된 수상작은 문피아 혹은 공모전 후원사와만 계약이 가능합니다.

어떤 공부를
해야 할까?

웹소설 작가가 되기 위해서 웹소설 관련학과를 찾는다면 생각보다 적은 정보에 아쉬운 마음이 들 것이다. 청강문화산업대학교의 만화콘텐츠스쿨 교육 과정에 '웹소설창작전공', 그리고 서울사이버대학교의 '웹·문예창작학과'가 전부이기 때문이다.

그러나 웹소설은 전공과 상관없이 원한다면 누구나 쓸 수 있으며 특정 자격증이 있는 것도 아니다. 정해진 진로 로드맵이 정해져 있는 것이 아니므로 여러분이 앞으로 무슨 공부를 하든 괜찮다. 이 장에서는 '이야기 창작'에 대해 공부하는 문예창작과를 소개하고자 한다.

고등학교 문예창작과

고등학교의 경우, '고양예술고등학교'와 '안양예술고등학교'에 문예창작과가 있다. 문학적 소질이 있는 문학 인재들을 길러내는 것을 목표로 하는 학교이다. 시창작, 소설창작, 고전과 문학이론 등을 공부하고 시와 소설 반을 나누어 운영되며 창작 실기 위주로 수업이 진행된다. 서로의 작품이나 기존 작품을 비평하며 작품 보는 안목을 기르며, 역사, 철학, 인문 등 다양한 동아리 활동을 통해 창작의 기본 바탕을 다진다.

입학시 실기전형이 있다.

대학교 문예창작과

대학교 문예창작 관련학과는 문예창작과, 웹 · 문예창작학과, 미디어문예창작과, 문화예술학부(문예창작학과), 예술창작학부 문예창작전공, 방송문예창작학과, 극작과, 극작전공, 방송시나리오극작과, 웹소설창작전공, 영상문학전공, 미디어스토리텔링과, 미디어스토리텔링과(인문), 미디어창작과, 국어국문 · 문예창작학과, 문예창작비평학과, 국어국문 · 창작학과, 공연영상창작학부(문예창작전공), 미디어문예창작전공 트랙 등*이 있다.

전공 이름에 조금씩 차이가 있지만 '창작'을 중심으로 한 이론과 실기를 병행하는 학과들이다. 입학을 할 때도 대부분 실기시험을 치른다. 다양한 문예창작과 중에 웹·문예창작학과에서는 무엇을 공부하는지 알아보자.

① 웹·문예창작학과(서울사이버대학교)

웹·문예창작학과는 웹 콘텐츠, 그리고 웹이라는 공간에서 서사를 만드는 데 필요한 모든 것을 공부하는 과이다. 이 전공은 보편적 학문에서부터 문학 장르별 이론학습 및 전문적인 실습교육까지 체계적인 학습을 통해 전문적인 문학인 양성을 목표로 한다.

시대적 상황을 감안하여 웹의 특성과 흐름에 맞는 교육을 실시하는 것이 다른 문예창작과와 다른 점이다. 웹을 안다는 것은 단순히 콘텐츠를 소비하는 것이 아니라 이 세계를 알 수 있는 새로운 창구, 그것에 적합한 창구를 선도한다는 뜻이다.**

●　　출처: 진로정보망 커리어넷
●●　　출처: 서울사이버대학교 홈페이지

② 웹·문예창작학과에서는 무엇을 공부할까?●

- 웹 시대를 대비한 특별교육

- 인공지능시대를 대비한 창의교육

- 철학과 역사 등 사유 폭을 확장하기 위한 심화교육

- 소설가, 시인, 드라마작가 등을 양성하기 위한 실용교육

웹 콘텐츠 (웹툰, 웹소설 창작)	스토리텔링 (시, 소설, 시나리오)	문예창작 (순수문학, 예술)
웹 콘텐츠의 이론과 실제 웹소설의 이해 웹 스토리텔링 웹툰 시나리오 웹콘텐츠 창작 장르문학 비평 웹소설 창작실습 애니메이션의 장르와 역사 웹툰 기획과 실제 웹신화와 내러티브	영화, 드라마, 시나리오 웹툰시나리오 소설창작론 웹스토리텔링 웹소설의 이해 수필 쉽게 쓰기 문장지도 웹콘텐츠 창작 스토리텔링 영상 웹툰 시나리오 시창작 실습	수필 쉽게 쓰기 문학개론 소설창작론 한국문학의 이해 시란 무엇인가 문예기초철학 문학창작 첫걸음 문학과 욕망 문학과 저널리즘 문예사조론 한국문화의 이해

● 출처: 서울사이버대학교 홈페이지

예비 웹소설 작가를 위한 적성 테스트

웹소설 작가가 되고 싶은데 자기 자신에 대해 잘 모르겠다면 가벼운 마음으로 다음 테스트를 해보기 바란다. 준비됐다면 바로 고고!

★당신은 <소녀 감성> 단계

작가는 감수성이 예민해야 한다. 작품에 등장하는 주인공과 여러 인물의 감정을 표현하려면 작가는 그들의 감정과 느낌을 깊이 느껴야 한다. 머리와 마음으로 말이다. '나한테도 이런 소녀 감성이 있을까?' 하고 궁금하다면 다음 문장을 읽고 체크해보자.

① 일기를 쓰며 하루를 정리해요. ························· □
② 평소에 엉뚱한 생각을 자주 해요. ····················· □

③ 남녀 주인공의 낭만적인 사랑 이야기를 보면, 나도 경험하고 싶어요. ……………………………………… □

④ 머릿속에 어떤 영감이 자주 떠올라요. 잊어버릴까 봐 메모를 해요. ……………………………………… □

⑤ 책 읽는 걸 좋아해요. 책을 읽으며 울고 웃다 보면 시간이 어떻게 지나는지 모르겠어요. ……………………… □

번호	웹소설 작가되기 솔루션
3개 이상 체크했다면?	3개 이상 체크했다면 당신은 감수성이 풍부한 사람이다. 작가가 되기 위한 잠재력도 충분하다. 이러한 기질을 발전시킨다면 로판, 현판, 동로, BL, GL 등을 쓰는 작가로 성장할 가능성이 크다. 하지만 글은 소녀 감성만으로 쓸 수 없다. 감성을 머릿속으로만 생각하지 말고 개연성을 갖춰 이야기로 만들 수 있도록 노력해보자.

★당신은 <레벨업> 단계

판타지 주인공만 레벨업을 하는 건 아니다. 웹소설 작가 지망생도 레벨업을 해야 한다. 웹소설을 열심히 쓰고 있는 사람도 '내가 가는 이 길이 맞는 것인가?'라는 생각이 수시로 든다고 한다. 자, 당신은 지금 웹소설 작가가 되기 위해 어떤 단계에 올라 있을까? 다음을 읽고 한 가지만 골라

보자.

① 웹소설을 써본 적은 없지만 주인공이나 사건에 관련된 낙서를 많이 해요. ································ □

② 글 쓰는 걸 좋아하는데 글 솜씨가 없어요. ············ □

③ 공부하는 것보다 웹소설을 쓰는 게 더 재미있어요. 그런데 친구들은 내 소설이 재미없대요. ···················· □

④ 웹소설을 더 잘 알고 싶어서 스토리, 캐릭터, 대사 등을 분석하고 있어요. ································ □

⑤ 언젠가 공모전에 웹소설을 낼 생각이에요. 밤 새워서 글을 쓰고 있어요. ································ □

번호	웹소설 작가되기 솔루션
①번을 골랐다면?	작가가 되기 위한 좋은 습관을 지녔다. 메모하는 습관은 무척 중요하다. 부디 글을 쓰는 일을 어렵게 생각하지 않길 바란다. 글은 번뜩이는 아이디어로 시작되지만, 꾸준한 노력 없이는 완성되지 않는다. 메모를 바탕으로 살을 붙이다 보면 짧은 문장이 되고 그것들이 모여 문단을 이룰 것이다. 거기서 포기하지 말고 이야기를 계속 이어나가보자.

②번을 골랐다면?	'나는 할 수 있다.'라고 생각하며 마음에 긍정적인 기운을 불어넣자. 그런 다음 친구에게 글을 보여주고 평가를 받는다. 칭찬을 들으면 좋겠지만 비평을 들어도 낙담할 건 없다. 여러분은 지금 연습을 하고 있는 중이니까. 일단, 단어 노트를 만들어 보자! 좋아하는 책에서 모르는 단어나 좋은 문장을 따라 써보는 연습을 해보자. 그다음에는 그중에서 가장 마음에 드는 단어를 골라 한 줄씩 자신의 글을 써본다. 주제를 자유롭게 정해 쓰다 보면, 어휘력과 표현력이 좋아질 것이다.
③번을 골랐다면?	친구들은 나의 첫 번째 독자이다. 그들에게 무엇이 문제인지 물어보고 고쳐야 한다. 고쳤는데도 친구들이 이해하지 못한다면, 어딘가에 문제가 있는 것인지도 모른다. 글 쓰는 센스가 부족한 건지, 아니면 자기만의 작품 세계관이나 유머 코드를 글에서 제대로 풀어내지 못한 것일 수도 있다. 자신의 글과 비슷한 부류의 유명 웹소설을 읽으며 분석해보는 노력이 필요하다.
④번을 골랐다면?	웹소설을 공부하는 이들에게 꼭 필요한 과정이다. 우선 성실히 잘하고 있다고 말해주고 싶다. 인기 있는 웹소설의 구성 요소를 분석하다 보면 나름의 감각과 보는 눈이 생긴다. 분석하다 보면 자신의 글과 다른 점도 보일 것이다. 자신의 작품에 필요한 것은 배우고, 그렇지 않은 것은 좋더라도 버릴 줄 알아야 한다. 그대로 따라하지 말고 자신만의 방식으로 발전시킨다.
⑤번을 골랐다면?	당신의 마음속에는 뜨거운 열정이 있다. 누구도 당신에게 그렇게 하라고 시키지 않았다. 당신이 좋아서 하는 일이기에 더욱 값지다. 글의 수준을 떠나 열정과 노력에 최고의 점수를 주고 싶다. 언젠가 그 노력이 결실을 만날 것이다.

★당신은 <내일은 스타 작가!> 단계

'내일은 스타 작가!' 단계에 오른 사람은 어떤 자세로 글을 써야 할까? 다음 내용을 읽고 해당되는 곳에 1개만 체크해보자.

① 매일 5,000자~10,000자 이상 쓴다. ····················· □

② 무료 연재를 시작했다. 실시간 반응을 보느라 손에 땀이 난다. ·· □

③ 독자들의 칭찬 댓글을 보면 힘이 난다. 그러나 악성 댓글은 피하고 싶다. ·· □

④ 투데이 베스트에 오르는 게 소원이다. ·············· □

⑤ 20화 넘게 연재했는데, 출판사에서 연락이 오지 않는다. 어떡하지? ·· □

번호	웹소설 작가되기 솔루션
①번을 골랐다면?	아주 근면한 작가이다. 기존 작가들도 소화하기 어려운 분량이다.
②번을 골랐다면?	용감한 도전자이다. 학생이면서 무료 연재까지 하고 있다니, 장차 어떤 모습으로 어떤 작품을 쓸 것인지 미래가 기대된다.
③번을 골랐다면?	작가의 보람, 즉 땀의 의미를 아는 사람이다. 앞으로 좋은 팬과 팬덤이 생길 것이다.

④번을 골랐다면?	웹소설 작가 모두가 원하는 일이다. 웹소설 사이트에서 상위권 성적을 내는 건 꿈 같은 일이기 때문이다.
⑤번을 골랐다면?	출판사에서 연락이 오지 않았다고 좌절하지 말자. 출판사 투고라는 선택지가 남았다. 희망의 끈을 놓지 말자!

3장
그 직업으로
살아간다는 것

웹소설 작가가
좋은 점

누구나 될 수 있다!

정말 누구나 웹소설 작가가 될 수 있을까? 이 직업은 가능성이 크며 기회의 문이 누구에게나 열려 있다. 웹소설 관계자나 독자들은 작가가 어디서 무엇을 했던 사람인지 관심이 없다. 그들이 궁금한 것은 오로지 작품이다.

학생, 백수, 주부, 직장인 등 평범한 사람들이 오늘도 자기만의 이야기를 만들고 있다. 『리걸마인드』를 쓴 진문 작가는 사법 시험을 준비했던 법학 전공자였다. 『중증외상센터: 골든아워』를 쓴 이낙준 작가는 이비인후과 전문의고, 『왕의 딸로 태어났다고 합니다』를 쓴 비츄 작가는 전직 청원 경찰이었다. 『재벌집 막내아들』을 쓴 산경 작가는 마케팅 회사에 다녔던 직장인이었다.

독자(팬)의 사랑

웹소설 작가는 독자들에게 특별한 관심을 받는다. 인기 있는 웹소설 작가는 아이돌(?) 못지않은 사랑을 받는다. 인기 작가가 새 작품을 연재하기 시작하면 독자들이 구름처럼 몰려와 그 작품을 기다린다. 그리고 댓글 창에 자리를 잡고 작가를 지지하는 응원의 글을 남긴다.

독자들의 댓글 수준은 꽤 높다. 단순히 작가와 작품을 칭찬하는 내용이 아니다. 등장인물의 이름과 외모, 성격 등을 짚어주고, 순식간에 지나간 배경 지식까지 다시 설명해준다. 또 남녀 주인공의 콤플렉스나 상처를 대변하여 혹시나 생길지 모를 다른 독자들의 오해를 막아준다. 작가가 일일이 답변하지 않아도 독자들끼리 묻고 답한다. 그만큼 독자들의 수준이 높다는 뜻이다. 헷갈리기 쉽고 어려운 설정도 시원하게 풀어주는, 마치 제2의 작가처럼 보인다.

한 번도 만난 적 없는 독자들이 작품을 좋아한다는 이유만으로 무한 애정을 주니, 웹소설 작가들은 얼마나 행복할까? 그렇다고 매일 좋은 말만 듣는 것은 아니다. 독자들은 작가가 미처 챙기지 못한 설정, 비논리적인 전개, 부자연스러운 설정, 맞춤법, 오타까지 작가보다 더 정확하게 잡아낸다. 다른 분야에서 활동하는 작가라면 결코 누리지 못하는 혜택이다. 글을 쓰면서 그 글을 중심으로 실시간으로 소통하는 것은 흔한 경험이 아니다. 오직 웹소설 작가이기에 가능한 일이다.

작품 창작의 즐거움

'글을 쓰는 게 미치도록 좋다', '작품 활동으로 돈을 벌고 싶다.'라고 생각한다면, 웹소설 작가가 되는 첫 번째 관문을 통과한 셈이다. 작가는 창작 욕구가 넘쳐나는 사람이다. 하고 싶은 이야기가 생각나면 반드시 기록해야 하고, 이야기가 잘 풀리지 않으면 앓아눕기도 한다.

웹소설 작가는 마음에 이야기 불씨를 품은 사람이다. 이 불씨는 글이란 기름을 만나면 더 활활 타오른다. 그래서 아무리 힘들어도 이야기를 창작하는 고생스러움을 감당해낸다. 드디어 우여곡절 끝에 작품을 완성하면, 작가는 세상을 다 가진 것 같은 성취감을 느낀다.

그 열정은 글을 쓰지 않은 순간에도 드러난다. 만약 여러분이 학교에 가고 있는데 등굣길에서 번뜩이는 아이디어가 떠올랐다고 해보자. 잠시 발걸음을 멈추고 재빠르게 스마트폰 메모장에 기록을 할 것이다. 시험이 코앞인데도 이야기 만들기에 빠져 있고, 병원에 입원해서도 노트북 자판을 두드리는 사람들을 보통 사람들은 잘 이해하지 못한다.

작가들은 창작의 즐거움을 누리면서 치열한 웹소설 시장

에서 생존하기 위해 다양한 장르에 마음의 문을 열어둔다. 그들은 특정 장르를 고집하지 않고 로맨스, 현대 로맨스, 로맨스 판타지, 판타지, BL 등 다양한 장르를 써본다. 무협, 게임 판타지, 게임 방송물을 섞어서 쓴 『극한의 컨셉충』 같은 작품이 그런 작품이다.

인기 작가의 존재감

무명에 가까운 작가가 엄청난 노력 끝에 드디어 웹소설 사이트에 작품을 올렸다. 작품의 등장인물도 매력적이고 내용도 재밌어서 좋은 성적을 기대하고 있었다. 그러나 시기가 좋지 않아 다른 작품들과의 경쟁에서 밀려났다. 작품은 괜찮은데도 제대로 힘 한번 써보지도 못하고 사람들의 관심 밖으로 사라졌다.

반면 인기 작가는 어떨까? 등장부터 다르다. 새 작품이 단번에 웹소설 순위 1위에 오른다. 마치 왕의 귀환을 알리는 신호탄 같다. 웹소설 플랫폼은 인기 작가의 지난 작품까지 홍보하며 덩달아 매출이 오르기를 기대한다. 독자들은 소문을 듣고 몰려든다. 조회 수는 나날이 올라가고 언론에서는 몇만 뷰를 기록 중이라며 화제를 몰고 온다.

시간이 흘러 작품이 중반까지 연재되고 있는데, 일부 독자들이 이해하기 힘든 설정이라며 지적하기 시작한다. 악성 댓글 게시자는 '이럴 줄 알았다.'라며 작품의 설정을 따지고 말도 안 되는 표절 시비까지 더한다. 그러나 인기 작가는 말없이 자기 할 일을 묵묵히 한다. 드디어 감춰뒀던 한 방이 드러나고, 독자들은 인기 작가의 능력에 깜짝 놀란다. 팬들은 각종 SNS로 입에 침이 마르도록 소문을 내고 다닌다.

인기 작가의 능력이 무엇이기에 이토록 존재감을 발할까? 작가의 능력은 특별한 재능이라기보다 공력(工力)에 가깝다. 공력이란 공부하여 쌓은 실력 또는 공부를 함으로써 갖게 되는 힘을 뜻한다. 오래도록 준비해서 마음과 실력을 다스린 자만이 갖출 수 있는 능력이다.

또 어떤 일을 할 수 있을까?

과거만 하더라도 작가가 돈을 많이 버는 것은 상상하기 힘든 일이었다. 문학계에서도 베스트셀러 작가가 아니면 생존 자체가 힘들었다. 가족의 생계비를 벌기는커녕 자기 몫의 생활비도 벌기 어려웠다. 그래서 작가는 직업으로 인정받지 못했다. 지금도 그런 상황에서 완벽하게 벗어났다고 말할 수는 없다. 하지만 이런 고정관념을 깬 작가가 웹소설 작가이다.

이 변화는 어디에서 시작되었을까? 사람들이 스마트폰

으로 유료 웹소설을 읽기 시작하면서 유의미한 변화가 생겨났다. 조회 수가 높을수록 작가의 수익도 높아졌다. 이렇게 웹소설 시장이 좋아지자 유능한 작가들이 웹소설 시장에 몰려들었다. 그리고 그 소문을 뒷받침하듯 억대 연봉을 받는 작가들이 하나둘씩 늘어나기 시작했다.

인기 작가가 되면 글을 쓰는 일 외에 또 어떤 일을 할 수 있을까? 우선 자신의 글을 읽어준 독자들과 만나는 행사에 참여한다. 각종 기자회견, 강의, 작법서 및 관련 책 집필 등 여러 활동을 한다. 또 소설이 영화나 드라마 등 다른 상품으로 만들어질 경우 원작가로서 제2저작물로 계약을 하거나 각종 행사에 참여한다. 후배들을 가르치거나, 출판사나 에이전시 사업을 시작해 웹소설 공모전을 개최하여 여러 작가들과 함께 일하기도 한다.

이렇게 글 쓰는 일 외에도 활발하게 활동하는 작가와 달리 신비주의를 추구하는 작가도 있다. 필명과 성별 정도만 대중에게 공개하고 오직 글 쓰는 일에만 매달리는 것이다. 그들은 본명을 밝히지 않고 언론과의 노출도 극히 꺼린다. 『해를 품은 달』의 정은궐 작가, 『전지적 독자 시점』의 싱숑 작가, 『재혼황후』의 알파타르트 작가 등이 여기에 해당한다.

웹소설 작가가
힘든 점

빨리 써야 하는데…

여기 한 웹소설 작가가 있다. 그의 하루를 따라가 보자.

아침잠을 겨우 털어낸 작가가 컴퓨터 앞에 앉았다. 며칠 동안 계속된 밤샘에 지쳐서인지, 머리에서 미열이 난다. 누워서 아무것도 하고 싶지 않지만, 연참 계획으로 쉴 수가 없다. 작가는 자기 대신 글을 써줄 복제인간이 있으면 얼마나 좋을까 간절히 바라본다.

입맛이 없어 아침밥을 거르고 작업을 하는데, 뱃속에서 밥을 달라고 아우성을 친다. 작가는 대충 밥을 챙겨 먹고 다시 작업을 시작한다. 그는 모니터를 노려보다가 손가락을 까딱거리며 자판을 눌러대지만, 비문과 오타만 써질 뿐이다. 집중해서 작업한다고 생각하는데도 도무지 작업 속도가 나지 않는다. 답답한 마음에 한숨이 절로 나온다.

빨리 써서 출판사에 줘야 하는데 더딘 속도에 속이 까맣게 타들어 간다. 그는 기분 전환이 될까 싶어서 댓글을 읽는다. 마음속에는 두 가지 마음이 요동친다. 절대 읽지 말라는 마음과 빨리 읽고 보라는 마음이다. 작가는 호기심에 클릭을 해본다. 댓글을 읽던 그는 얼굴이 벌게진 채로 자리에서 일어선다. 비판을 넘어선 악의적인 악성 댓글이 그의 마음을 후벼 판다. '아~ 이런 욕을 먹으려고 내가 글을 쓰나?'하는 생각이 든다.

작가는 의지를 상실한 채 멍하니 허공만 바라본다. 어느새 몸은 열로 펄펄 끓고 있다. 그는 몸이 아파서 글을 못 쓰겠다고 출판사에 문자를 보낸다. 다행히 마감에 여유가 있다. 편집장도 이해하는지 답장 내용이 긍정적이다. 그는 무너지듯 침대에 눕고 만다.

웹소설 작가에게 가장 힘든 점이 무엇이냐고 물어보면, 대부분 '마감'이라고 말한다. 웹소설 작가가 되면 마감 지옥을 피할 수 없다. 독자의 마음을 사로잡으려면 매일 새로운 이야기를 올리는 성실한 작가가 되어야 한다. 그러나 각오와는 다르게 몸과 마음은 지쳐가고, 압박감은 점점 심해진다. 마인드 컨트롤을 해보려고 하면 악성 댓글이 찢어진

상처에 소금을 뿌린다.

치열한 경쟁을 각오하라

① 웹소설 시장의 현실은 어떨까?

'블루오션'과 '레드오션'이라는 말을 들어본 적이 있을 것이다. '블루오션'은 경쟁이 치열하지 않은 전망 좋은 시장을 뜻하고, '레드오션'은 생존 경쟁을 벌여야 하는 치열한 시장을 말한다. 웹소설 초기 시장은 '블루오션'이었다. 웹소설 사이트를 운영하는 사람들이나 출판사들은 재능 있는 작가들을 찾아나섰고, 타 장르 작가와 인터넷에서 글을 쓰던 능력자들이 합류해 웹소설 시장이 더욱 풍성해졌다.

그 결과 웹소설 사이트는 재미나고 참신한 작품들이 넘쳐나는 공간이 되었다. 독자들은 재미난 글을 읽기 위해 너나 할 것 없이 스마트폰으로 접속했고, 수많은 작가 지망생들까지 돈을 벌기 위해 웹소설 시장으로 몰려들었다.

현재 웹소설 시장 분위기는 어떨까? 열기가 펄펄 끓어오르는 '레드오션'이 되었다. 이 시장을 처음 접해서 잘 모르겠다면, 지금 당장 '카카오페이지', '네이버 시리즈', '문피아'에 방문해보자. 그곳에 가서 1위부터 100위까지 웹소설을 읽어보자. 앞으로 여러분이 경쟁해야 할 수많은 작품들을 보며 깜짝 놀랄 것이다. 아직 놀라기는 이르다. 100위권 밖 작가들의 수가 더 많으며, 웹소설 사이트도 빅3 말고 더 다양하게 존재하기 때문이다.

② 남과 다른 것을 써라

높은 연봉을 받는 스타 작가가 한 인터뷰에서 "글 쓰는 창작 시장은 레드오션이 아닌 적이 한 번도 없었다."라고 말했다. 그럼 웹소설 시장의 미래는 어두운 것일까? 스타 작가의 말은 거기에서 끝나지 않았다.

"그럼에도 불구하고, 시장의 가능성은 언제나 열려 있습니다."

웹소설 작가를 꿈꾸는 우리가 남들과 다른 것을 쓰려면 어떻게 해야 할까?

첫째, 작품에 '차별성'이 있어야 한다.

차별성은 누구나 가질 수 있지만, 아무나 가질 수는 없다. 독특한 방식으로 작품의 세계관을 구축해서 남들과 다른 이야기를 만드는 것이 이야기의 차별성이다. 이영도 작가(드래곤라자), 전민희 작가(룬의 아이들)가 여기에 속한다. 한국형 판타지의 주역들에게 기죽을 필요는 없다. 그들을 롤모델 삼아 차별성을 추구하면 된다. 초보 작가라도 포기하지 말자. 지금은 비록 '양판소'를 쓴다고 해도 여러분은 언젠가 역작으로 독자들을 깜짝 놀라게 할 수 있는 잠재력이 있는 사람이다.

둘째, '트렌드'를 잘 알아야 한다.

어떤 내용을 써야 할지 감이 오지 않거나 '차별성'을 이룰 만한 자신이 없다면, 트렌드를 좇아가는 것도 좋은 방법이다. 현재 웹소설 시장에서 떠오르는 트렌드가 있다면, 거기에 촉각을 세우고 여러분이 잘할 수 있는 트렌드를 선택해보는 것이다.

예를 들어, 유행하는 '막내'라는 트렌드를 쓰고 싶다면 나만의 방식으로 글을 써봐야 한다. 자칫하면 양판소가 되기 쉬우니, 남들이 쓰지 않는 방법으로 써야 한다. 그러기 위해서는 흔하지 않은 소재를 발굴해야 하며, 주인공에게 잘 어울리는 키워드와 장르를 찾는 데 시간을 투자해야 한다.

작가의 수입이 고작 치킨 값?

이제 현실적인 이야기를 꺼내 보자. 인기 있는 웹소설 작가들은 당연히 돈을 많이 번다. 하지만 수많은 웹소설 작가들은 그렇지 않다. 억대 연봉은 꿈같은 이야기다. 그렇다. 안타깝게도 웹소설 시장에서도 '빈익빈 부익부' 현상이 존재한다.

이 글의 제목처럼 작가의 수입은 정말 치킨 값 정도일

까? 필자도 이런 말을 들었을 때 여러분처럼 깜짝 놀랐다. 낮은 보수를 바라며 일하는 사람은 없다. 물론 더 나은 선택지가 있다면 고려해보겠지만 모든 일에는 피할 수 없는 과정과 시간이 필요하다. 웹소설 작가들도 힘든 현실을 알지만 그 어려움을 어느 정도 받아들인다.

그들은 웹소설 작가가 되기 위해 오랜 시간 동안 노력한다. '작품 구상 → 작품 완성 → 출판사 계약 → 플랫폼 런칭'이라는 순서를 수도 없이 반복한다. 겉으로 보기에 무척 간단해 보이지만, 각 지점에 도달하기까지 상당한 시간이 든다. 출판사와 계약이 다 되었다가도 어긋나고, 플랫폼 런칭은 기약 없이 미뤄지기도 한다.

다시 본론으로 돌아가보자. 그토록 원하던 작가로 데뷔하고 나면, 작가는 다시 한번 냉혹한 현실과 부딪힌다. 고생해서 글을 써도 통장에 들어오는 수입은 '치킨 값'에 가깝다. 그 이유는 크게 2가지이다. 첫째는 독자들에게 선택을 받지 못한 경우이고, 둘째는 프로모션(홍보)을 거의 하지 못했을 때이다. 두 번째 이유에 대해 더 자세히 알아보자.

플랫폼에 들어갔더라도 홍보를 하지 못하면 다른 작품에 밀려 사라지고 만다. 이름 없는 작가는 아무리 좋은 작품을 써도 홍보 없이 살아남기가 힘들다. 독자들은 그 작가의 작품이 있는지조차 모른다.

이런 결과는 정산에 영향을 미친다. 독자들의 사랑을 받지 못했으니 작가에게 돌아가는 건 '치킨 값'이다. (*보통 작가가 받는 수익은 '플랫폼 정산'과 '출판사 정산' 등을 거쳐서 익익월(다다음달)에 입금된다.) 작가는 결국 인기도 얻지 못하고, 형편없는 대가에 괴로워한다.

작가는 이런 상황을 어떻게든 해결해보려고 투잡을 한다. 낮에는 아르바이트, 밤에는 작가라는 이름으로 글을 쓴다. '치킨 값'은 웹소설 작가들에게 상징적인 단어가 되었다. 그들의 현실을 보여주는 말이기도 하고, 그들의 열정과 인내를 상징하기도 한다.

웹소설 작가들은
어떻게 일할까?

　가상의 작가 3인의 하루를 들여다보자. 여기에는 '중학생 작가', '고등학생 작가', 카페로 출근하는 '20대 작가'가 등장한다. 그들은 자신에게 주어진 시간 동안 열심히 소설을 쓴다. 누구보다 열심히 글을 쓰고 있지만 각자 어려움과 방해물을 가지고 있다. 그들은 과연 각자의 문제를 어떻게 해결하고 있을까?

　그들의 삶을 들여다보면서 '내가 작가라면 이 문제를 어떻게 해결할까?' 하고 같이 고민해보자. 우선 작가들의 하루를 따라가 보자.

① 공부하기도 바쁜 '중학생 작가'
　- 필명: 장수말벌

- 나이, 성별: 15살, 여성
- 글을 쓴 계기: 나의 재능을 본 친구들의 강요(?) 때문에
- 장수말벌에게 '글'이란?: 어릴 적부터 소설을 좋아해서 초등학교 3학년부터 이야기를 만들었다.
- 작가 경력: 무료 연재 사이트에서 글을 연재하다가 출판사와 계약하게 되었다. 그 후부터 매일 연재를 하고 있다.
- 장르: 현대 판타지
- 평균 작업 시간: 3~4시간
- 진로 고민: 공부와 웹소설 어느 것 하나 놓치기 싫다.

[장수말벌의 하루]

*장수말벌은 웹소설 작가이면서 학생이다. 그는 아침부터 저녁까지 학생으로서 해야 할 일을 누구보다 열심히 한다. 공부할 시간도 부족한데 언제 글을 쓸까? 학교 수업을 마치고 학원에서 돌아온 이후부터 두세 시간 정도 글을 쓴다.

19시 30분 집으로 돌아온다. 저녁을 먹고 샤워를 한다.
20시 30분 노트북 앞에 앉아 독자들의 댓글을 읽어본다. 두근거리는 마음으로 댓글 창을 열어본 장수말벌의 어깨가 축 처진다. 조회 수도 적고 반응도 별로 없다. 그나마 있는

댓글은 '스토리가 산으로 간다.'는 말이었다. 뜨거운 콧김을 내뿜으며 창을 닫는다. 머릿속에 고민이 스쳐 지나간다. '어른이 되면 이 직업으로 돈을 벌 수 있을까?'

21시 00분 본격적으로 글을 쓰기 시작한다. 하루 동안 틈날 때마다 구상한 것을 옮겨 적는다. 구상한 내용을 기본으로 한 회 분량을 작성한다.

22시 00분 구상한 부분이 잘 풀리지 않아 한 줄도 쓰지 못하다가 실마리를 잡는다.

23시 00분 5,000자 분량을 빠르게 완성한다.

23시 30분 작품을 읽으며 수정 작업을 한다. 작업이 끝나고 마지막으로 맞춤법 검사기를 돌려 오타를 체크한다.

23시 50분 원고를 메일로 보낸다. 기지개를 켠 후 물을 마시러 간다. 이제 공부를 해야 한다. 책을 편다!

② 고민이 많은 '귀여운 비둘기 조롱이'

- 필명: 귀여운 비둘기 조롱이

- 나이, 성별: 18살, 남성

- 웹소설 작가가 된 계기: 어떤 웹소설을 읽다가 충격을 받았다. 소재의 신선함에 이끌려 읽게 되었는데, 갈수록 재미도 없고 내용 전개가 무척 실망스러웠다. 그래서 '내가 직접 써보리라!'라는 심정으로 글을 쓰기 시작했다. 다행히

독자들이 내 글을 좋아한다.

　– 귀여운 비둘기 조롱이에게 '글'이란?: 글은 무조건 재미있어야 한다.

　– 작가 경력: 3년 반

　– 장르: 판타지

　– 평균 작업 시간: 하루에 4~5시간씩 글을 쓴다. 잠을 자는 시간이 아깝다.

　– 진로 고민: 부모님과 생각이 달라서 대학과 전공에 대해 고민이 많다.

[귀여운 비둘기 조롱이의 하루]

'귀여운 비둘기 조롱이'는 이름 있는 웹소설 작가이다. 중학생 때부터 쓴 판타지 소설이 성공해서 팬들이 꽤 많다. 그런 조롱이는 요즘 들어 고민이 많아졌다. 대학을 가느냐 마느냐로 부모님과 의견 충돌이 있기 때문이다. 고3이 되어 겪어야 할 일을 생각하니 막막하다. 대학 진로, 전공 선택 등의 복잡한 문제를 해결해야 하기 때문이다.

4시 00분 기상. 침대에서 겨우 일어난다.

4시 20분 세수로 정신을 차리고 컴퓨터 앞에 앉는다. 몽롱한 정신을 털어내며 정신을 집중한다. 독자 반응을 살피

느라 10분 정도 시간이 늦었다. 집중해서 작품을 쓴다.

7시 00분 학교 갈 준비를 하며, 시리얼을 우유에 말아 먹는다. 입맛이 통 없다.

19시 00분 학교와 학원을 오고 간다.

19시 30분 저녁을 먹는다. 밥보다는 잠을 자고 싶다.

20시~23시 새벽 시간에 썼던 글을 뒤이어 쓴다. 5,000자 이상의 글을 써야 한다.

24시 00분 간식을 먹으면서, 대학과 전공 정보를 찾아본다. 힘들다.

24시~1시 공부를 집중해서 한다. 피곤해서 눈이 뻑뻑하다.

1시 30분 잠자리에 든다.

③ 카페로 출근하는 '20대 작가'

- 필명: 엔젤헤어

- 나이, 성별: 27살, 여성

- 웹소설 작가가 된 계기: 출판사 공모전에 당선되었다.

- 엔젤헤어에게 '글'이란?: 오래도록 꿈꿔온 일이다. 로맨스는 내 심장을 뛰게 한다.

- 작가 경력: 4년 차 웹소설 작가이다. 네 차례 이상 연재한 경험이 있고, 출판 경험도 있다. 현재도 연재 중이다.

- 장르: 로맨스 판타지
- 평균 작업 시간: 10시간
- 진로 고민: 작가로 살아가는 게 힘들다.

[엔젤헤어의 하루]

엔젤헤어는 직업이 두 가지이다. 작가로 일을 하지만, 최저생계비 이상 돈을 벌기가 힘들어서 편의점 아르바이트를 한다. 주 3일 저녁 시간과 새벽 시간대에 일한다. 늘 몸이 찌뿌둥하고 잠이 부족하다.

12시 30분 카페에 가서 아메리카노를 주문한다. 자리에 앉아 노트북을 펼치고, 아메리카노로 정신을 깨운다. 세상 돌아가는 소식을 알기 위해 뉴스를 보다가, 웹소설 사이트에 들어간다. 댓글 창에서 좋은 말을 남겨준 팬을 발견한다. 마음이 따뜻해지면서 글을 쓸 용기가 생긴다.

13시~15시 기본에 충실하기 위해 처음에 잡아놓은 회차 시놉시스를 본다. 동시에 스마트폰으로 적어놓은 메모를 확인한다. 줄거리를 구상할 때마다 떠오른 아이디어를 적어두는 게 습관이다. 두 자료를 참조해서 쓴다.

15시 30분 화장실에 가면서, 카페라테를 또 주문한다. 머릿속으로 오늘 쓸 수 있는 돈을 계산해본다. 오래 앉아서 글을 쓰려면 추가 주문은 필수지만, 돈이 아까운 건 어쩔 수 없다.

15시 40분~18시 40분 글을 썼다 지우는 일을 반복한다. 생각대로 이야기가 풀리지 않아서 답답하다. 멍하니 모니터를 보다가 자기도 모르게 다리를 떨면서 자판을 두드린다.

18시 40분 머리를 맑게 하려고 잠시 바깥을 서성인다. 카페 주인과 눈이 마주쳤다. 더 눈총을 받기 전에 생크림 케이크 한 조각을 주문한다.

19시~21시 작업이 본격적으로 궤도에 진입했다. 엔젤헤어는 정신을 집중해 글을 마무리하자고 마음먹는다. 손가락이 어느 때보다도 빠르게 자판 위에서 춤을 춘다. 퀭하던 눈에 불이 붙는다.

21시 00분 마감 독촉 문자가 날아온다. 엔젤헤어는 이를 악물고 마무리한다.

21시 10분 편집자에게 메일로 원고를 보내고, 문자로 알린다. 그제야 여유가 생긴 엔젤헤어는 물을 한 잔 마시고 웹서핑을 한다.

21시 30분~23시 다시 정신을 집중해 내일 연재할 내용을 미리 구성해본다.

23시 00분 카페 문을 닫을 때쯤 집으로 간다. 가로등 불

빛에 그림자가 길어진다. 터덜터덜 걸으며 그림자처럼 쌓여가는 근심에 한숨을 내쉰다. 엔젤헤어는 '계좌로 돈 한 푼 안 들어오는데, 이렇게 작가의 길을 가는 게 옳은 것일까?' 하고 생각한다.

웹소설 작가는
무엇을 고민할까?

모든 직업인들에게는 그들만의 고민이 있다. 자신에게 그 직업이 맞는지, 계속해도 되는지, 지속적으로 돈을 벌 수 있는지 등 자신의 미래와 직업에 대해 고민한다. 웹소설 작가들은 무슨 고민을 하고 있을까? 그들의 고민을 들어보고 해결방법도 함께 생각해보자.

① 의뢰자: 장수말벌

멘탈케어님, 안녕하세요? 저는 청소년 작가입니다. 제가 이렇게 멘탈케어 게시판에 글을 쓰는 건 남모를 고민 때문입니다. 저는 운 좋게 어린 나이에 웹소설 작가가 되었지만, 낮은 조회 수와 반응 없음에 울고 싶은 심정입니다. 댓글이 아예 안 달리는 건 아닌데, 사람들이 제 약점을 자꾸만 지적하네요. 스토리가 산으로 간다고 말하는 사람도 있어요. 에휴… 인기 작가들처럼 필력이 좋아지려면 어떻게 해야 하나요? 연재하기가 점점 두려워지네요. 연재를 그만둘 수도 없고, 계속할 수도 없고. 어쩌지요?

→ 답변: 장수말벌님, 대단하네요. 공부하면서 소설까지 쓰고 계시네요. 장수말벌님의 용기와 노력에 박수를 보냅니다. 그럼, 본격적으로 의뢰한 내용으로 멘탈케어를 시작하겠습니다. 제가 무슨 말을 하든지 열린 마음으로 잘 받아들여주시기를 바랄게요.

장수말벌님, 연재를 시작한 이상 그건 독자들과의 약속이므로 끝까지 써야 합니다. 연재 작가로서 의무예요. 문제는 스토리를 이끄는 힘과 필력이 약하다는 것인데, 그래도 최악의 상황은 아니니 기운 내세요.

우선 장수말벌님은 본인의 부족한 점을 알고 그것을 받아들이고 있어요. 자신의 약점을 받아들이는 것은 누구나 할 수 있는 일이 아니에요. 여기에 큰 의미를 두고 앞으로 나아가야 합니다. 필력을 고민하고 있다면 도움이 될 만한 책을 읽어보는 건 어떨까요? 공부하느라 바쁠 테지만, 자투리 시간이 날 때마다 문장 연습을 해보세요. 5~10분이라도 좋으니 꾸준히 매일 써보는 거예요. 스마트폰이나 작은 노트에 수시로 쓰는 것도 도움이 됩니다.

[장수말벌님을 위한 처방전]

★ 읽고 정리하기

책을 읽고 정리하는 습관을 가져보세요. 눈으로 읽고 마는 건 도움이 안 됩니다. 책을 읽다가 핵심을 찾아 줄을 치고, 포스트잇을 붙이는 겁니다. 중요한 문장이나 자신에게 영감을 주는 문장은 반복해서 읽어보세요. 책상 앞이나 컴퓨터 바탕화면 등 눈에 잘 띄는 곳에 붙여놓고 읽어요. 머리와 몸에 자연스럽게 익히는 방법이에요. 책의 분야는 가리지 말고 다양하게 읽는 게 좋아요. 작가로서 보는 시각과 깊이가 달라질 거예요.

★ 문장 연습하기

소나기, 빨래, 코 흘리는 마법사 등 주제를 다양하게 정해서 문장 쓰기를 연습해보세요. 스스로 정하기 어렵다면, 좋아하는 책이나 웹소설에 나오는 특정 단어를 골라서 써보세요. 이때 상상력을 사방으로 자유롭게 뻗어나가 보세요. 말 그대로 연습이니까 남들 눈을 신경 쓸 필요도 없겠죠? 자신이 갈 수 있는 곳 끝까지 상상의 세계를 마음껏 펼쳐보세요.

★ 추천 도서 읽기

· 스티븐 킹, 『유혹하는 글쓰기』, 김진준 역, 김영사

· 나탈리 골드버그, 『뼛속까지 내려가서 써라』, 권진욱 역, 한문화

· 산경, 『실패하지 않는 웹소설 연재의 기술』, 위즈덤하우스

· 안젤라 애커만, 베카 푸글리시, 『트라우마 사전』, 임상훈 역, 윌북

· 안젤라 애커만, 베카 푸글리시, 『인간의 130가지 감정 표현법』, 서준환 역, 인피니티북스

② 의뢰자: 귀여운 비둘기 조롱이

> 멘탈케어님, 안녕하세요? 저는 고등학교에 다니는 학생입니다. 제 꿈은 웹소설 작가가 되는 것입니다. 중학생 때부터 웹소설을 써서 이제는 나름 이름 있는 작가가 되었는데요. 문제는 부모님이 웹소설 작가라는 직업을 인정해주지 않는다는 겁니다. 웹소설 작가가 돼서 무엇을 하려고 그러냐고 하셔서 답답합니다. 부모님은 우선 대학교부터 가라고 강요하는데요. 어떻게 하면 좋을까요? 저는 계속 글을 쓰고 싶습니다. ㅜㅜ

→ 답변: 귀여운 비둘기 조롱이님, 고3을 앞둔 학생이 느끼는 압박감은 상상을 초월하지요. 더군다나 인생에 있어

서 가장 중요한 진로 문제를 결정해야 하니 고민이 많을 거예요. 우선 귀여운 비둘기 조롱이님의 마음을 알기 위해 두 가지를 질문해볼게요.

"본인은 대학교에 가고 싶나요? 만약 가고 싶지 않다면 그 이유는 무엇인가요?" 자, 생각해보았나요? 단답식으로 대답하지 말고 구체적으로 생각해보아야 합니다. 의뢰 내용에서는 글을 계속 쓰고 싶다고 했는데요. 귀여운 비둘기 조롱이님은 대학교에 가지 않고 웹소설 작가로 계속 지내고 싶은 것 같아요. 그렇다면 부모님을 설득할 수 있는 방법을 고민해보세요. 반대로 대학을 가보고 싶다면, 대학을 다닐 때 어떤 점이 내게 도움이 될까 생각해보면 되겠지요.

[귀여운 비둘기 조롱이님을 위한 처방전]

★ 대학교에 가고 싶지 않다면? → 부모님 설득하기

귀여운 비둘기 조롱이님은 이름 있는 웹소설 작가로 활동하고 있지요? 그럼 자신의 생각을 부모님 앞에서 표현해보세요. 부모님을 독자라고 생각하고 조롱이님의 생각을 정확히 전달하는 거예요. 귀여운 비둘기 조롱이님의 '진로계획서'를 작성해서, 현재 웹소설 작가들이 버는 수익과 팬층, 작품, 전망에 대해 한눈에 들어오도록 작성하세요. PPT 화면을 띄우고, 부모님에게 발표하는 겁니다. 진지한 태도로 자신의 미래를 보여주세요.

★ 대학교에 가고 싶다면? → 도움이 되는 학과 찾기

'어떤 학과를 가야 웹소설 작가로 일할 때 도움이 될까?'
라고 생각해보세요. 글을 잘 쓰니까 단순히 문예창작학과
등 창작하는 전공을 생각하기 쉬운데요. 그곳에서 배우는
커리큘럼이 웹소설가에게 도움이 안 되는 부분도 있으니
학과 정보를 잘 살펴보고 가는 것이 좋겠습니다.

③ 의뢰자: 엔젤헤어

멘탈케어님, 안녕하세요? 저는 힘든 작가의 삶을 살고 있어요. 이렇
게 소개하기 부끄럽지만, 저는 치킨 값을 버는 작가입니다. 아르바
이트하는 시간을 빼고 나머지 시간은 카페에서 매일 글을 쓰고 있
어요. 매일 글을 쓰지만 돈이 한 푼도 안 들어와요. 저는 현실적인
부분이 너무 힘이 듭니다. 이런 제가 작가의 길을 가는 게 맞는 것
일까요? 편의점에서 아르바이트를 하면서 글을 쓰는 게 너무 힘이
듭니다. 투잡을 뛰는 삶이 너무 지긋지긋해요. 저는 어떻게 하면 좋
을까요?

→ 답변: 굉장히 어려운 문제네요. 엔젤헤어님은 최선을
다해서 살고 있습니다. 웹소설 작가로는 생활하기 어려워
서 편의점 아르바이트까지 뛰고 있지요. 또 마감을 지키기

위해 회사원처럼 카페로 열심히 출근도 하고요. 냉정한 조언 같지만, 답은 본인이 가지고 있습니다. 작가로서 성공할 가능성이 보이지 않는다면, 그만두는 게 맞습니다. 본인 역시 투잡을 뛰는 삶이 지긋지긋하다고 했으니까요. 그러니 스스로에게 질문을 던져 보세요.

'웹소설 작가를 그만둬도 후회하지 않을 자신이 있는가?'라고요. 자신의 대답이 '그렇다'에 가깝다면 작가의 삶 대신 직장을 구하세요. 직장에 들어간다고 글을 아예 쓰지 말라는 뜻은 아닙니다. 취미로도 얼마든지 쓸 수 있으니까요. 그렇게 생활에 변화를 주면서 자신의 마음을 들여다보는 것도 좋은 방법입니다.

하지만 글을 쓰고 싶은 마음이 더 강하다면 열심히 해보라고 말씀드리고 싶네요. 정말 열심히 쓰고 또 썼는데 결과물이 없다면 앞에서 말한 것처럼 좀 더 냉정하게 자신의 길을 돌아보아야 합니다.

[엔젤헤어님을 위한 처방전]

★ 스스로에게 상을 주세요!

누구보다 열심히 산 당신에게 선물을 해주세요. 선물이라고 해서 거창한 것을 얘기하는 건 아닙니다. 예를 들어, 조금 비싸서 먹지 못했던 좋아하는 음료나 아이스크림, 꼭 갖고 싶었던 물건을 스스로에게 선물해주는 거예요. 마음의 양식을 채워주는 책도 좋겠네요. 우리는 우리 자신을 스스로 돌보고 위로하면서 살아야 합니다. 안 그러면 삶을 지탱하기가 힘들어요. 힘든 시기를 잘 이겨내기 바랍니다.

인기 작가들은 무엇이 특별할까?

〈김비서가 왜 그럴까〉, 〈구르미 그린 달빛〉, 〈해를 품은 달〉, 〈성균관 스캔들〉 등처럼 웹소설을 원작으로 하는 드라마가 늘고 있다. 과거에는 한두 작품이 드라마로 만들어져 화제가 되는 정도였으나, 요즘은 일일이 열거하지 못할 정도로 그 수가 늘었다. 이제 웹소설은 영역을 확장해 웹툰, 드라마, 영화, 뮤지컬, 게임 등 다양한 형태로 변모해 사람들에게 사랑받고 있다. 이런 방법을 OSMU(one source multi use)라고 한다. OSMU은 하나의 콘텐츠(작품)로 여러 장르나 상품이 만들어진다는 뜻이다.

다양한 방식으로 많은 사람들의 관심과 사랑을 받고 있는 상품들의 본래 이야기를 창작한 사람은 누구일까? 그 위대한 첫 걸음의 주인공들을 만나보자.

① 정경윤 작가, 『김비서가 왜 그럴까』

줄거리
부회장을 완벽하게 보좌해온 김 비서가 퇴사 선언을 한다. 자기애로 똘똘 뭉친 완벽한 부회장은 이런 김 비서를 이해할 수 없고, 그만두려는 김 비서와 이를 막으려는 부회장의 퇴사밀당 로맨스가 펼쳐진다.

★정경윤 작가는 무엇이 특별할까?

_ **새로운 도전과 열정**

『김비서가 왜 그럴까』를 쓴 정경윤 작가의 이력은 특이하다. 그는 약사 출신으로 판에 박힌 삶을 벗어나기 위해 웹소설을 쓰기 시작했다고 한다. 웹소설은 정경윤 작가에게 자유이자 탈출구였던 셈이다. 약사이면서 주부의 삶을 살던 작가는 무료 연재 사이트에 글을 연재하면서 웹소설의 세계에 발을 처음 내디뎠다. 주로 늦은 밤과 이른 새벽에 글을 쓰는데, 특히 마감 때는 새벽 4시에 일어난다고 한다.

정경윤 작가가 약사라는 직업에 만족하고 살며 새로운

시도를 하지 않았다면 『김비서가 왜 그럴까』는 세상에 나오지 못했을 것이다. 정경윤 작가는 새로운 세상을 향해 문을 두드렸고, 지금은 당당한 웹소설 작가로 자신의 작품 세계를 만들고 있다.

② 윤이수 작가, 『구르미 그린 달빛』

줄거리
한 나라의 세자가 내시와 사랑에 빠지는 사건이 벌어졌다! 『구르미 그린 달빛』은 츤데레 왕세자 이영과 남장 내시 홍라온의 예측불허 궁중위장 로맨스이다. 드라마를 사랑하는 찐 시청자라면, 아슬아슬한 두 사람의 사랑을 응원할 수밖에 없다.

★윤이수 작가는 무엇이 특별할까?

_ 집념과 극복

달콤한 드라마 내용과는 달리 윤이수 작가의 상황은 그리 좋지 못했다. 글을 쓸 당시에 극심한 산후우울증으로 고생을 하고 있었다. 원래 시나리오를 썼던 윤이수 작가는 결혼과 출산으로 자연스레 글과 멀어지게 되었다.

산후우울증을 겪던 윤이수 작가는 웹소설을 생각하게 됐고, 아기를 키우면서 글을 쓰기 시작했다. 『구르미 그린 달빛』이 궁중 드라마다 보니 꼼꼼한 자료조사가 필요했는데, 경복궁을 100번 이상 다니며 작품을 완성했다고 한다.

윤이수 작가에게는 집념이 있다. 집념이란 한 가지 일에 매달려 정신을 쏟는 것을 말한다. 윤이수 작가는 아픈 와중에도 글을 써야 한다는 생각을 놓지 않았다. 『구르미 그린 달빛』이 탄생하기 전까지 작품 구상, 소재, 캐릭터, 시점, 자료조사를 끊임없이 했고, 그 결과 산후우울증에서 벗어날 수 있었다.

③ 정은궐 작가, 『해를 품은 달』, 『성균관 스캔들』

줄거리

· 『해를 품은 달』: 액받이 무녀 월과 왕 이훤과의 운명적인 사랑 이야기이다. 어린 시절 비극적인 사고로 죽었던 연우(월)는 기억을 잃고 이훤과 재회한다. 아무것도 모르는 월과 월을 기억하는 이훤. 이들을 지켜보는 세력이 다시 위험한 일을 꾸미기 시작한다.

· 『성균관 스캔들』: 가세가 기운 집안의 가장인 윤희는 대리시험 제안을 받는다. 돈을 벌기 위해 과거 시험을 보기로 하고, 그곳에서 미래의 연인이 될 선준을 만난다. 운명의 장난은 윤희를 성균관에 입학시키고, 윤희는 살기 위해 남장을 한다.

★정은궐 작가는 무엇이 특별할까?

_ 신비주의, 그리고 역사적 상상력

정은궐 작가는 신비주의 작가이다. 그나마 알려진 내용은 그가 대학에서 글과 관련된 공부를 하지 않았고, 웹소설로 처음 글을 쓰기 시작했다는 점이다. 그의 작품이 높은 인기를 누리던 시절, 팬들은 정은궐 작가가 누구인지 몹시 궁금해했다.

하루는 인터뷰를 안 하기로 유명한 정은궐 작가가 한 기자의 기습 인터뷰에 응했다. 그는 "가족들조차 내가 작가인 걸 모른다.", "나는 로맨스 작가이며, 문학 작가가 아니다." 라고 말했다. 작품 속 역사 고증이 상당한 수준이라는 기자의 칭찬에 그는 "다른 작가도 그 정도는 한다. 특별하지 않다."라고 말했다.

작가가 사생활을 밝히는 건 필수사항이 아니다. 인기로 인해 생기는 소란스러움을 피해 작품 활동에만 몰두하고 싶은 작가의 선택을 팬들은 존중해주어야 한다.

역사 로맨스에 관심이 있다면 정은궐 작가가 쓴 『해를 품은 달』, 『성균관 스캔들』을 꼭 읽어보길 바란다. 궁중 로맨스와 성장 멜로드라마를 어떻게 쓰면 좋을지 훌륭한 길잡이가 되어줄 것이다.

④ 싱숑 작가, 『전지적 독자 시점(전독시)』

줄거리

김독자의 유일한 취미는 '멸망한 세계에서 살아남는 세 가지 방법'을 읽는 것이다. 그러나 멸살법은 오늘부로 막을 내린다. 김독자는 작가에게 감사의 글을 남기고, 작가 역시 유일한 독자였던 주인공에게 특별한 선물을 보낸다. 김독자는 작가가 7시부터 작품 유료화에 들어간다는 메일을 본다. 그러나 7시가 되자 눈앞에 지옥의 세계가 펼쳐진다.

★싱숑 작가는 무엇이 특별할까?

_ **부부 작가, 버티기**

『전독시』를 쓴 싱숑 작가는 한 명이 아니다. '싱'과 '숑'이라는 부부 작가이다. '싱숑'은 정은궐 작가와 마찬가지로 작가의 사생활을 밝히지 않기로 유명하다. 웹소설 사이트 '문피아'를 통해서만 독자들과 소통을 하고 있다.

『전독시』는 현대 판타지지만 다양한 장르들이 섞여 있다. 책빙의(자기가 읽던 소설의 등장인물로 들어가는 설정), 성좌(초월적인 신과 같은 존재들이 인간을 선택하고 후원한다는 설정) 등이 그것이다. 『전독시』는 곧 5부작 영화로 만들어질 예정이다.

인기 작품을 쓴 '싱숑'은 고민이 없을 것 같다. 하지만

'싱'은 한 번도 슬럼프가 아닌 적이 없었다고 말했다. '숑' 또한 마찬가지였다. 그들은 어떻게 슬럼프를 이겨냈을까? 그들은 "이를 악물고 버텼다."고 한다. 자신이 글을 쓰지 않으면 이야기는 멈추니 선택의 여지가 없었다. 인기 있는 웹소설 작가로 살고 싶은가? 그렇다면 슬럼프를 버티는 자신만의 방법을 만들어보자!

4장

미래를
살아갈 수 있을까

4차 산업혁명과
웹소설 작가

4차 산업혁명은 우리에게 긍정적인 영향을 미칠까, 부정적인 영향을 미칠까? 전문가들의 말을 빌리자면, 4차 산업혁명을 통해 우리는 '노동의 종말', 또는 '노동으로부터의 자유'를 얻는다고 한다. 이 말 속에는 긍정과 부정의 뜻이 모두 들어 있다. 긍정과 부정적인 의미를 떠나서 노동 환경이 180도로 변한다는 사실은 누구도 부인할 수 없다.

'노동의 종말'이라는 말은 이 시대를 살아가는 사람들에게 큰 충격으로 다가온다. 이제 우리 주변에서 흔히 볼 수 있는 '키오스크(무인 단말기)'는 일하는 사람들을 대신해 식당, 카페, 가게의 정중앙에 서 있다. 이런 모습들 속에서 사람들이 위기감을 느끼는 것은 당연한 일이다. 생각해보라. 어떤 시대에도 로봇과 AI(인공지능)에게 일자리를 빼앗길까 봐 걱정한 사람들은 없었다. 이제껏 어떤 세대도 겪어보지 못한 세계가 우리 앞에 있으니 우리가 걱정하는 것은 당연한 일이다.

세계는 AI로 새로운 패러다임을 맞이했다. 우리는 빠르게 변하는 현실에 적응해야 한다. 안 그러면 사라지는 직업에 휩쓸려 길을 잃어버릴 수도 있다. 이쯤에서 궁금한 마음이 들 것이다.

"작가라는 직업은 미래에도 존재할까?"

못하는 게 없는 다재다능 AI

AI는 사람들의 일자리를 위협하기도 하지만, 인간의 생활을 편리하게 해준다. 이미 우리 삶에 깊이 개입되어 있어서 무엇이 AI이고 아닌지 모를 정도이다. 아니, AI를 모두 없앴을 때 인간이 스스로 할 수 있는 일은 몇이나 될까?

포털 사이트의 검색어 자동 완성기능, 스팸메일 분류, 사진 검색, 음성인식, 무인 자동차, 우주선 데이터 활용과 화성 탐사 등 AI는 인간의 역할을 대신해서 똑똑하고 빠르게, 효율적으로 일을 하고 있다.

AI는 인간과 대결을 하기도 한다. 사람들의 뇌리에 가장 인상 깊게 AI의 존재감을 심어준 두 사건이 있다. 1997년

슈퍼컴퓨터(IBM)인 '딥블루'와 체스챔피언 '게리 카스파로프'의 대결이었다. '딥블루'는 여섯 번의 대국에서 2승 1패 3무로 게리 카스파로프를 이겼다. 그로부터 20년 뒤 2016년 구글 '알파고'와 이세돌 9단의 바둑 대결이 있었다. '알파고'는 다섯 번의 대국에서 4승 1패로 천재 기사 이세돌 9단을 이겼다. 당시 바둑의 우상이 AI에게 지는 모습은 사람들에게 충격을 주었고, 마치 인류 전체가 패배한 것과 다름없는 분위기였다.

AI는 지금도 그 영역을 쉼 없이 확장하고 있다. AI를 이용해 화가 렘브란트 화풍으로 그린 초상화, '넥스트 렘브란트(The Next Rembrandt)'가 탄생했다. AI를 이용해 비전문가가 음악을 만들 수 있는 프로그램도 있다. 그렇다면 AI의 글쓰기 실력은 어떨까?

AI 작가가 쓴 소설

사람이 지식을 쌓기 위해 책을 보고, 관련 자료를 챙겨서 공부를 하는 것처럼 AI도 공부를 한다. 하지만 AI는 공부만 하는 게 아니다. AI는 공부를 기반으로 새로운 작업물을 만들어낸다. 이를 기계 학습(Machine Learning)이라고 한다. 예를 들어, AI 개발자가 로맨스 소설을 쓰도록 지시를 내린다면, AI는 수많은 데이터를 활용하고 정리해서 그럴듯한 작품을 쓸 수 있다.

AI 작가는 글을 잘 쓸까? 못 쓸까? 미국의 비영리 인공
지능 연구기관 '오픈 AI'가 개발한 'GPT-2'라는 프로그램
이 있다. 'GPT-2'는 수십만 개의 인터넷 페이지를 검색하
며, 15억 개의 단어를 학습한 능력을 가지고 있다. 게다가
글 쓰는 재주까지 갖췄다. 그런데 문제가 하나 있었다. 그
가 인터넷을 검색해 가짜 뉴스를 만든 것이다.

핵물질을 실은 기차가 신시내티에서 도난당했으며 기차가 어디
에 있는지 아직 알려지지 않고 있다.

이 글을 본 연구진은 깜짝 놀랐다. 공익의 목적으로 개발
한 'GPT-2'가 악용될 우려가 컸기 때문이었다. 결국 연구
진은 눈물을 머금고 'GPT-2'의 폐기처분을 결정했다.

2016년 일본에서는 한 신문사의 소설 공모전에서 AI가
쓴 소설이 1차 예선을 통과했다. 심사위원들은 사실이 밝
혀질 때까지 AI가 쓴 소설인 줄 전혀 몰랐다고 한다. 2018
년 우리나라의 한 대기업에서는 '인공지능 소설 공모전'을
개최하기도 했다. 이 공모전에서는 신생 기업 '포자랩스'가
쓴 『설명하려 하지 않겠어』라는 로맨스 소설이 최우수상을
받았다.

AI 작가 vs 인간 작가

지금까지 살펴본 AI 작가의 활약상을 보니 불확실한 미래에 한층 더 고민이 깊어진다. 그러나 미리 걱정할 필요는 없다. 한국 고용정보연구원이 밝힌 '자동화 대체 확률이 낮은 직업'에서 우리의 눈이 번쩍 뜨일 만한 결과가 나왔다. 작가와 작가 관련 직업이 3위를 차지한 것이다.

왜 이런 결과가 나왔을까? 앞에서 언급한 『설명하려 하지 않겠어』 같은 로맨스 소설은 특정한 플롯이나 패턴이 반복되는 장르로, AI 작가가 쓰기에 쉬운 구조로 되어 있다. 무협 소설이나 공포 소설도 마찬가지이다. 로맨스 소설이나 무협 소설처럼 인기 있는 장르가 AI 작가가 쓰기에 쉬운 구조라면 인간 작가의 자리가 위태로운 것 아닌가?

하지만 전문가들에 따르면 그런 이유로 인간 작가의 위치가 위협받는 것은 아니라고 한다. 작품을 읽을 것인가, 말 것인가를 결정하는 열쇠는 쓰는 사람이 아니라 그것을 읽는 독자가 갖고 있기 때문이다. 독자가 AI 작가의 작품을 읽을지, 인간 작가의 글을 읽을지를 선택한다는 점이 미래 사회의 핵심 포인트이다.

여러분이라면 누구의 작품을 읽을 것인가? 살아 숨 쉬는 인간 작가의 생각을 읽고 싶은가? 아니면, 기계 학습된 알고리즘으로 쓴 AI 작가의 작품을 읽고 싶은가? 일일이 차

이점을 말하지 않아도 무게 추가 인간 작가에게 조금 기운다고 전문가들은 말하고 있다.

인간은 교감을 하고 싶어하는 존재이다. 앞으로 미래 사회는 비대면이 더욱더 강조될 것이다. 그런 시대에 로봇과 AI는 비대면으로 지친 인간들에게 따뜻한 온기를 채워줄 수 없을 것이다. 그런 사람들에게 AI 작가가 쓴 소설은 어떤 의미일까?

물론 AI 작가는 인간이 생각해내지 못한 상상력과 논리를 이야기에 충분히 녹여낼 것이다. 그러나 AI 작가가 인간의 변화무쌍한 감정이나 감수성을 인간처럼 느끼고 표현할 수 있을까? 이러한 능력은 인간이 AI 작가보다 월등하다. 독자들의 마음을 사로잡을 미래 작가들의 탄생을 기대해본다.

현실적인
직업 전망과 조언

이 장에서는 웹소설 시장의 현실적인 부분에 대해 알아보자. 꿈과 희망으로 가득 찬 장밋빛 전망이 아닌, 있는 그대로의 세계로 들어가본다. 진정으로 웹소설 작가가 되고자 한다면, 이 장을 읽었을 때 포기하는 것이 아니라 더욱 굳은 의지를 가지리라 믿는다.

화려하고 치열한 시장

웹소설 작가를 꿈꾸는 사람들에게는 장밋빛 환상이 있다. 누구나 억대 연봉을 벌 수 있을 것 같은 착각이 들만큼 화려하다. 우리의 욕망을 자극하는 것은 무엇일까?

- 웹소설, 억대 연봉 작가 100인 시대 열렸다 <디지털 투데이>

- 웹소설 쓰면서 5억을 벌 수 있다고? <대학 내일>

- 스마트폰 올라탄 웹소설⋯ 연 10억 버는 작가 10여 명 <중앙 일보>

- 억대 연봉에 수십만 독자⋯ 우리도 베스트셀러 작가랍니다 <동아일보>

- 100원 모아 4,000억⋯ 대세가 돼버린 '웹 소설' <독서신문>

기사 제목만 봐도 눈이 휘둥그레지고 심장이 두근거린다. 이 기사를 보고 웹소설을 쓰지 않는 게 이상하게 여겨질 정도이다. 현란한 문구는 작가 지망생의 마음에 불을 지피고, 글을 쓰고자 하는 사람들의 마음을 흔들어댄다. 이것은 허황된 뉴스일까? 아니다. 한국콘텐츠진흥원이 발표한 최근 웹 소설 시장규모는 약 4,000억 원이다.

우리는 스마트폰으로 언제 어디서나 웹소설을 즐기는 시대에 살고 있다. 웹소설 시장은 더욱 성장할 것이고 해외 진출도 활발하게 펼쳐질 것이다. 이 시장에 뛰어들 것인가, 말 것인가? 선택은 여러분에게 달렸다.

사람들은 재미난 볼거리를 찾기 위해 콘텐츠 플랫폼을 수시로 들락거린다. 제작자들은 시장의 위치 선점과 새로운 콘텐츠를 얻기 위해 억대 상금이 걸린 공모전을 개최한다. 재능 있는 신인 작가들이 능력을 뽐내기 위해 몰려든다. 재미있는 웹소설은 대중에게 사랑을 받고, 그 작품은 드라마가 되고 영화로 만들어진다. 이런 순환이 웹소설 시장을 더 화려하고 풍성하게 만든다.

웹소설 사이트 '문피아'에서 주최하는 '제6회 대한민국 웹소설 공모대전' 첫날 1,900여 개의 작품이 접수됐다는 소식이 전해졌다. 경쟁이 치열할 줄 알았지만, 상상을 초월하는 열기에 놀라 입이 떡 벌어졌다.

웹소설 작가의 현실

앞에서도 말했지만 돈을 잘 버는 전업 작가는 많지 않다. 독자들에게 사랑받는 작품을 써보려고 아등바등하지만 하루하루 늘어만 가는 경쟁자들의 작품을 보며 한숨 짓는 작가들이 더 많다.

한 작가가 웹소설 작가의 현실에 대해 솔직하게 털어놓았다.

"처음 웹소설을 썼을 때 수입이 고작 3만 원에 불과했어요."

그 유명한 '치킨 값'을 벌었다는 충격으로 작가는 점차 작품 연재를 소홀히 하게 되었고, 한 달에 10만 원을 벌어들이는 수준에서 그쳐야 했다. 이런 말을 들으면 웹소설 한 편으로 성공했다더라는 누군가의 이야기는 현실로 느껴지지 않는다.

웹소설 시장은 빈익빈 부익부가 존재하는 곳이다. 단순한 핑크빛 환상만을 좇아 웹소설 작가가 된다면 냉정한 현실과 마주하게 될 것이다. 진정으로 웹소설 작가가 되고 싶다면, 인내하는 마음으로 글과 싸우면서 독자와 시장을 철저히 분석해야 한다. 또 웹소설 플랫폼에서 다른 작가들과의 생존 경쟁에서 살아남을 강단도 필요하다.

작가 멘탈 터트리기

'작가 멘탈 터트리기'라는 악랄한 제목의 글이 각종 SNS에 돌아다닌다. 웹소설 작가의 멘탈을 부수기 위해서 누군가 쓴 글이다. 친한 팬인 척 작가나 작품에 다가가다가 악성 댓글을 한꺼번에 전달하는 수법이다. 작가의 멘탈을 터트려서 무슨 이득을 보려는 것인지, 도무지 이해하기가 어렵다.

세상에는 다양한 사람들이 존재한다. 연일 잔혹한 사건이 뉴스를 도배하는 요즘, 웹소설 사이트도 예외는 아니다. 작가 멘탈 터트리기를 주도하는 사람, 의도적으로 매일 악성 댓글을 다는 사람, 읽지도 않은 소설에 별점 테러를 하는 사람, 작가가 설정한 줄거리와 등장인물에 시비를 거는 사람, 작가가 마치 자신에게 죄를 지은 것처럼 분통을 터트리는 사람까지 비정상적인 일들이 많이 일어난다.

웹소설 작가 중에는 댓글을 아예 보지 않는 사람도 많다. 또 근거 없는 악성 댓글을 달면, 댓글을 삭제하거나 차단하기도 한다. 선배 작가들은 댓글 창에서 독자와 싸우는 어리석은 행동을 하지 말라고 충고한다. 작가는 독자와 싸워서 얻을 것이 하나도 없다. 누가 원인을 제공했든, 둘의 싸움을 보는 다른 독자들에게도 나쁜 영향을 줄 수 있으니 항상 조심해야 한다. 어떤 사람은 작가와 댓글로 싸운 내용을 캡처해 커뮤니티에 퍼트리기도 한다.

작가가 독자와 덩달아 흥분하는 건 좋지 않다. 아무리 기분 나쁜 일이 생겨도 거리 두기를 하며, 냉정함과 차분함을 유지해야 한다. 지나치게 감정에 몰입하면 마음이 상할 수밖에 없다.

작가의 삶은 퇴근이 없다

웹소설 작가가 되면 무엇이 가장 힘들까? 그들은 매일이 마감이다. 작품이 끝날 때까지 마감은 끝이 없다. 붙박이 가구처럼 의자에 엉덩이를 붙이고 글을 써야 한다. 어느 유명한 작가는 마감을 '글 쓰는 지옥'이라고 표현했고, 어떤 작가는 자신의 필명을 '글 쓰는 기계'라고 지었다.

작가가 카페에 앉아서 노트북 자판을 누르는 모습은 왠

지 여유로워 보인다. 그러나 그것은 보여지는 이미지일 뿐이다. 작가는 여행을 가더라도 마감에서 자유롭지 못한다. 글을 쓰고 있지 않더라도 머릿속에서는 계속 구상하고 아이디어를 떠올려야 한다. 작가의 삶은 퇴근이 없다.

마감의 연속을 지속할 힘이 있다는 건 그 작가의 능력이 출중하다는 뜻이다. 작가는 많은 것을 알아야 하는 직업이다. 그래야 단편이든 장편이든 끝까지 밀고나갈 수 있다. 연재되는 한 화에도 많은 이야기가 들어가 있다. 작가는 각각의 이야기가 따로 떨어지지 않고 유기적으로 연결되어 재미와 긴장감을 유발하도록 끊임없이 생각하고, 또 생각해야 한다.

오랫동안 작가로서 살아가고 싶다면 치열한 자기 계발이 필요하다. 시시각각 변하는 웹소설 시장의 트렌드를 읽을 줄 아는 눈을 가져야 하며, 독자들의 취향도 잘 파악해야 한다. 장르를 가리지 않고 다양한 책과 영화를 접하고, 쏟아지는 정보의 흐름에서 내 것이 될 무언가를 발견해야 한다. 이 과정에서 아이디어가 결합되면, 다음 작품에서 사용할 소재도 찾을 수 있다.

계약서가 중요한 이유

작가가 잘 써야 하는 두 가지는 무엇일까? 하나는 웹소설이고, 다른 하나는 계약서이다. 재미있는 작품을 구상하는 것만큼이나 계약서의 내용을 꼼꼼히 확인한 뒤에 자신의 이름으로 사인해야 한다. 초보 작가의 경우, 계약한다는 기쁨에 들떠 계약서를 잘 보지 않고 사인을 했다가 나중에 낭패를 보기도 한다. 작가로서 계약을 할 때는 신입이든 인기 작가든 모두 공평하다. 절대 작가의 권리에 해당하는 문구를 그냥 지나치면 안 된다.

무지의 대가는 혹독하다. 작가가 당연히 받아야 할 권리와 수익을 눈앞에서 놓치기도 하고, 계약 기간이 무제한으로 연장되는 골치 아픈 문제를 겪기도 한다. 이런 일들을 방지하려면, 계약을 하기 전에 계약서를 잘 읽어야 한다.

계약을 앞두고 있다면, 출판사 담당자에게 계약서를 메일로 달라고 요청하면 된다. 계약서를 먼저 읽고 궁금한 것은 출판사에 반드시 문의하고, 조율할 것이 있으면 미리 의논한 뒤에 만난다. 고치고 싶은 부분이 있으면 출판사에 요구할 수 있다. 눈치를 볼 필요가 없다. 계약서는 상호 간에 협의된 내용을 적은 문서이다. 일반적이면 안 된다. 출판사에서 계약서 수정을 거부하면서 출판사에 유리한 조건만 내세운다면 그것은 불공정한 계약이다.

특히 초보 작가는 잘 모른다는 이유로, 또는 첫 번째 계약이라는 이유로 불합리한 대우를 받기도 하는데 첫 시작인 만큼 앞으로를 위해서라도 계약서를 대하는 태도를 바로 잡아야 한다.

다음은 문화체육관광부에서 제공하는 표준 계약서이다. 법적인 내용이라 이해가 어려울 수도 있겠지만 계약서에 어떤 내용이 들어가는지 천천히 읽어보면 훗날 계약을 할 때 도움이 될 것이다. 특히 밑줄로 표시된 부분은 계약에서 중요한 부분이니 더 꼼꼼하게 읽는다. 출판사마다 계약서의 내용이 조금씩 다르니 이 점도 유의하자.

출판 분야 표준 계약서

1. 출판권설정계약서[*]

저작재산권자 _____와(과) 출판권자 _____(는(은)
아래의 저작물에 대하여 다음과 같이 출판권설정계약[**]을
체결한다.

저작자의 표시	성명 : _____ 이명(필명) : _____
저작재산권자의 표시	성명 : _____ 생년월일 :
저작물의 표시	제호(가제) :
저작물의 내용 개요 :	

- 출처 : '문화체육관광부' 홈페이지
- 저작재산권자가 출판권을 얻고자 하는 자에 대하여 인쇄 등 방법으로 서적을 발행할 권리를 설정하고, 이용권자는 그 저작물을 종이책의 형태로 만들어 판매의 방법으로 복제·배포할 수 있는 계약으로서 준물권적(독점적·배타적) 성격의 출판권이 발생하는 효력을 갖는다. 제3자에게 대항할 수 있는 권리까지 획득하고자 하는 경우에는 한국저작권위원회에 출판권을 등록해야 한다. 출판사 발행인이 어문저작물의 1차 저작자뿐만 아니라 번역가, 삽화가, 사진작가 등과 체결할 수 있는 계약 유형이다.

제1조 (출판권의 설정)

① 저작재산권자는 출판권자에게 위에 표시된 저작물(이하 '위 저작물'이라고 함)에 대한 출판권을 설정한다.

② 제1항의 규정에 따라 출판권자는 위 저작물을 원작 그대로 출판할 수 있는 독점적이고도 배타적인 권리를 가진다.

제2조 (출판권의 등록)

① 저작권법에 따라 출판권자는 위 저작물에 대한 출판권 설정 사실을 한국저작권위원회에 등록할 수 있다.

② 제1항에 따라 출판권자가 출판권 설정등록을 하는 경우 저작재산권자는 등록에 필요한 서류를 출판권자에게 제공하는 등 이에 적극 협력하여야 한다.

제3조 (배타적 이용)

① 저작재산권자는 이 계약기간 중 위 저작물의 제호 및 내용의 전부와 동일 또는 유사한 저작물을 별도로 출판하거나 제3자로 하여금 출판하게 하여서는 아니 된다.

② 저작재산권자는 이 계약기간 중 출판권자의 사전 동의 없이 위 저작물의 개정판 또는 증보판을 직접 발행하거나 제3자로 하여금 발행하도록 하여서는 아니 된다.

제4조 (출판권의 존속기간 등)

① 위 저작물의 출판권은 계약일로부터 초판 1쇄 발행일까지, 그리고 초판 1쇄 발행 후   년간 존속한다.

② 저작재산권자 또는 출판권자는 계약기간 만료일   개월 전까지 문서로써 상대방에게 계약의 해지를 통고할 수 있으며, 이러한 해지 통고에 따라 계약기간 만료일에 이 계약은 종료된다.

③ 제2항에 따른 해지 통고가 없는 경우에는 이 계약은 동일한 조건으로 1회에 한하여   개월 자동 연장된다.

제5조 (완전원고의 인도와 발행 시기)

① 저작재산권자는   년   월   일까지 위 저작물의 출판을 위하여 필요하고도 완전한 원고 또는 이에 상당한 자료(이하 '완전원고'라 줄임)를 출판권자에게 인도하여야 한다. 다만, 부득이한 사정이 있을 때에는 출판권자와 협의하여 그 기일을 변경할 수 있다.

② 출판권자는 저작재산권자로부터 완전원고를 인도받은 날로부터   개월 내에 위 저작물을 출판하여야 한다. 다만, 부득이한 사정이 있을 때에는 저작재산권자와 협의하여 그 기일을 변경할 수 있다.

제6조 (저작물의 내용에 따른 책임) 위 저작물의 내용이 제3자의 저작권 등 법적 권리를 침해하여 출판권자 또는 제3자에게 손해를 끼칠 경우에는 저작재산권자가 그에 관한 모든 책임을 진다.

제7조 (저작인격권의 존중) 출판권자는 저작자의 저작인격권을 존중하여 저작자가 저작물에 표시한 실명 또는 이명 등 성명을 올바르게 표시하여야 하며, 위 저작물의 제호, 내용 및 형식을 바꾸고자 할 때는 반드시 저작자의 동의를 얻어야 한다.

제8조 (교정) 위 저작물의 내용 교정 및 교열은 저작재산권자의 책임 아래 저작재산권자가 수행함을 원칙으로 한다. 다만, 저작재산권자는 출판권자에게 교정 및 교열에 대한 협력을 요청할 수 있으며, 출판권자는 저작재산권자의 요청에 따라 수행한 교정 및 교열 내용에 대하여 저작재산권자로부터 최종 확인을 받아야 한다.

제9조 (저작물의 수정증감 및 비용부담)

① 저작재산권자는 출판권자가 출판권의 목적인 위 저작물을 중쇄 또는 중판하는 경우에 정당한 범위 안에서 그

저작물의 내용을 수정하거나 증감할 수 있다.

② 출판권자는 출판권의 목적인 위 저작물을 중쇄 또는 중판하고자 하는 경우에 그때마다 미리 저작재산권자에게 그 사실을 알려야 한다.

③ 위 저작물의 저작에 필요한 비용은 저작재산권자가 부담하고 출판물의 제작, 홍보, 광고 및 판매에 따른 비용은 출판권자가 부담한다.

④ 초판 1쇄 발행 이후 중쇄 또는 중판을 발행함에 있어 저작재산권자의 요청에 따른 수정, 증감 등에 의하여 통상의 제작비를 현저히 초과하는 경우 그 초과금액에 대한 저작재산권자의 부담액은 저작재산권자와 출판권자가 협의하여 정한다. 이때 통상의 제작비는 초판 1쇄 발행 비용을 기준으로 산정한다.

제10조 (저작권의 표지 등)

① 출판권자는 위 저작물의 출판물에 적당한 방법으로 저작자 및 저작재산권자의 성명과 발행 연월일 등 저작권 표지를 하여야 한다.

② 저작재산권자와 출판권자는 검인지 부착 또는 생략에 관한 사항을 협의하여 정한다.

제11조 (정가, 판형, 제책방식 등)

① 위 저작물의 출판물에 대한 정가, 판형, 제책방식 등은 출판권자가 결정한다. 다만, 저작재산권자가 출판권자에게 이에 대한 의견을 표시한 경우 출판권자는 적극적으로 저작재산권자와 협의하여야 한다.

② 증쇄(판)의 시기 및 홍보.광고, 판매의 방법 등은 출판권자가 결정한다. 다만, 출판권자는 사전에 저작재산권자와 이를 협의할 수 있다.

③ 출판권자는 출판물을 홍보.광고함에 있어 저작재산권자의 명예를 훼손하여서는 아니 된다.

제12조 (계속 출판의 의무) 출판권자는 이 계약기간 중 위 저작물을 계속 출판하여야 한다. 다만, 6개월 동안 월간 평균 판매량이 _____부 이하가 될 경우, 저작재산권자와 출판권자가 합의하여 이 계약을 해지할 수 있다.

제13조 (저작권사용료 등)

① 출판권자는 저작재산권자에게 정가의 _____ 퍼센트에 해당하는 금액에 발행(또는 판매) 부수를 곱한 금액을 저작권사용료로 지급한다. 이때 저작재산권자는 출판권자에게 발행(또는 판매)에 대한 자료를 요청할 수 있다.

② 출판권자는   개월에 한 번씩 발행(또는 판매) 부수를 저작재산권자에게 통보하고 통보 후 30일 이내에 그 기간에 해당하는 저작권사용료를 지급하여야 한다. 만일 출판권자가 발행(또는 판매) 부수를 약정기일에 통보하지 아니하는 경우에는 저작재산권자는 임의로   부에 해당하는 저작권사용료를 청구할 수 있으며, 그 금액이 실제 발행(또는 판매) 부수를 초과했음을 출판권자가 입증하는 경우에 이후의 저작권사용료에서 이를 공제한다.

③ 저작재산권자는 납본, 증정, 신간 안내, 서평, 홍보 등을 위하여 제공되는 부수에 대하여는 저작권사용료를 면제한다. 다만, 그 부수는 매쇄 당   퍼센트를 초과할 수 없으며, 출판권자는 자세한 내역을 저작재산권자에게 알려주어야 한다.

제14조 (선급금)

① 출판권자는 이 계약과 동시에 선급금으로   원을 저작재산권자에게 지급한다.

② 초판 제1쇄의 발행부수는   부로 한다.

③ 출판권자는 초판 제1쇄 발행 시 지급할 저작권사용료에서 제1항의 선급금을 공제한다.

제15조 (저작재산권자에 대한 증정본 등)

① 출판권자는 초판(개정판) 1쇄 발행 시 ____부, 중쇄 발행 시 ____부를 저작재산권자에게 증정한다.

② 저작재산권자가 제1항의 부수를 초과하는 출판물이 필요한 경우 정가의 ____퍼센트에 해당하는 금액으로 출판권자로부터 구입할 수 있다.

제16조 (2차적저작물 및 재사용 이용허락)

① 이 계약기간 중에 위 저작물이 번역, 각색, 변형 등에 의하여 2차적저작물로서 연극, 영화, 방송 등에 사용될 경우 그에 관한 이용허락 등 모든 권리는 저작재산권자에게 있으며, 이때 발생하는 저작권사용료의 징수 등에 관한 사항에 대하여 출판권자에게 위임할 수 있다.

② 이 계약의 목적물인 위 저작물의 내용 중 일부가 제3자에 의하여 재사용되는 경우, 저작재산권자가 그에 관한 이용을 허락하며, 이때 발생하는 저작권사용료의 징수 등에 관한 사항에 대해 출판권자에게 위임할 수 있다.

③ 저작재산권자는 위 저작물을 원저작물로 하는 2차적저작물의 수출에 관한 사항의 전부 또는 일부를 출판권자에게 위임할 수 있다.

제17조 (전집 또는 선집 등에의 수록) 이 계약기간 중에 저작재산권자가 위 저작물을 자신의 전집이나 선집 등에 수록, 출판할 때는 미리 출판권자의 동의를 얻어야 한다.

제18조 (저작재산권, 출판권의 양도 등)

① 저작재산권자는 위 저작물의 복제권 및 배포권의 전부 또는 일부를 제3자에게 양도하거나 이에 대하여 질권을 설정하고자 하는 경우에는 사전에 이를 출판권자에게 통보하여야 한다.

② 출판권자는 위 저작물의 출판권을 제3자에게 양도하거나 이에 대하여 질권을 설정하고자 하는 경우에는 반드시 저작재산권자의 문서에 의한 동의를 얻어야 한다.

제19조 (판면파일의 매수 요청)

① 저작재산권자가 위 저작물이 게재된 출판물의 판면을 그대로 이용하여 전자책(e-Book) 등 비종이책의 제작을 제3자에게 허락하고자 할 경우 출판권자는 저작재산권자에게 위 저작물의 교정 및 편집에 따른 비용을 감안하여 판면파일의 매수를 요청할 수 있다.

② 제1항에 따라 출판권자가 저작재산권자에게 출판물의 판면파일을 양도하는 경우 그것의 구체적인 금액 등에

관한 사항은 별도로 합의한다.

제20조 (원고의 반환) 위 저작물의 출판 후 출판권자는 저작재산권자에게 원고를 반환하여야 한다. 다만, 저작재산권자와 출판권자가 협의하여 원고를 반환하지 않을 수도 있다.

제21조 (계약 내용의 변경) 이 계약은 저작재산권자와 출판권자 쌍방의 합의에 의하여 변경할 수 있다. 이에 대한 합의는 서면으로 한다.

제22조 (계약의 해지 또는 해제)

① 저작재산권자 또는 출판권자가 이 계약에서 정한 사항을 위반하였을 경우 그 상대방은   일(개월) 이상의 기간을 정하여 제대로 이행할 것을 알릴 수 있다.

② 제1항의 조치에도 불구하고 이를 이행하지 아니하는 경우 그 상대방은 이 계약을 해지 또는 해제할 수 있고, 그로 인한 손해의 배상을 청구할 수 있다.

③ 저작재산권자는 출판권자가 더 이상 출판할 의사가 없음을 표명하거나 절판 및 도산 등의 사유로 출판할 수 없는 상황이 명백한 경우 즉시 계약의 해지를 출판권자에

게 통고할 수 있다.

④ 저작재산권자 또는 출판권자(소속임직원을 포함한다)가 상대방에게 성희롱, 성폭행 등 관련 법률에 따른 성범죄를 저지른 경우, 그 상대방은 계약을 해지할 수 있으며 그로 인한 손해의 배상을 청구 할 수 있다.

제23조 (출판권 소멸 후의 배포)

① 출판권이 소멸한 후에도 출판권자는 계약기간 만료일 이전에 발행된 도서의 재고품을 ____월 동안 배포할 수 있다. 만일 출판권 소멸 후 재고도서 배포 약정기간이 경과하였음에도 출판권자가 도서를 배포하는 경우 출판권자는 이에 따른 민.형사상의 책임을 진다.

② 제1항에 따른 재고품의 배포에 대하여 출판권자는 제13조 제1항에 따라 저작권사용료를 지급하여야 한다.

제24조 (재해, 사고) 천재지변, 그 밖의 불가항력의 재난으로 저작재산권자 또는 출판권자가 손해를 입거나 계약 이행이 지체 또는 불가능하게 된 경우에는 서로의 책임을 면제하며, 후속조치를 쌍방이 합의하여 결정한다.

제25조 (비밀 유지) 저작재산권자와 출판권자는 이 계약

의 체결 및 이행과정에서 알게 된 상대방 및 상대방의 거래처 등에 관한 모든 비밀 정보를, 상대방의 서면에 의한 승낙 없이 제3자에게 누설하여서는 아니 된다.

제26조 (개인정보의 취급)

① 저작재산권자와 출판권자는 위 저작물의 출판 및 이에 부수하는 업무과정에서 알게 된 상대방의 개인정보를 개인정보보호법의 취지에 따라 유의하여 취급하여야 하며, 사전 동의 없이 이를 누설하거나 다른 사람이 이용하도록 제공하여서는 아니 된다.

② 저작재산권자는 출판권자가 이 계약에 의한 출판물의 제작 및 광고, 홍보, 판매 등을 위하여 저작재산권자가 제공한 정보를 스스로 이용하거나 제3자에게 제공하는 것을 허락한다. 다만, 저작자의 초상 이용에 대하여는 저작재산권자와 출판권자가 합의하여 결정한다.

제27조 (계약의 해석 및 보완) 이 계약에 명시되어 있지 아니한 사항에 대하여는 저작재산권자와 출판권자가 합의하여 정할 수 있고, 해석상 이견이 있을 경우에는 저작권법 등 관련법률 및 계약해석의 원칙에 따라 해결한다.

제28조 (분쟁의 해결)

① 이 계약과 관련한 분쟁이 발생할 경우 저작재산권자와 출판권자는 제소에 앞서 한국저작권위원회의 조정을 받을 수 있다.

② 저작재산권자와 출판권자 사이에 제기되는 소송은 ＿＿＿＿법원을 제1심 법원으로 한다.

특약 사항 :

1. 출판권 등록 여부

2. 완전원고 판단 기준 / 공동저작물 여부에 대한 합의

3. 검인지 부착 여부

4. 저작권사용료 송금 방법

5. 2차적저작물/재사용/저작권 수출 관련사항 위임 여부

6. 판면파일 매수청구에 관한 사항

7. 원고의 반환 여부

8. 출판권 소멸 후의 재고도서 배포 약정기간 위반에 대한 손해배상 범위

9. 한국저작권위원회 조정에 대한 합의 여부

이 계약을 증명하기 위하여 계약서 3통을 작성하여 저작재산권자, 출판권자가 서명 날인한 다음 각 1통씩 보관하

고, 나머지 1통은 출판권 설정등록용으로 사용한다.

_____년 _____월 _____일

저작재산권자의 표시(저작재산권자)

주   소 :

생년월일 :

성   명 : _____ (인)

계좌번호 :

선급금으로 일금 _____원을 정히 영수함 (인)

출판권자의 표시(출판권자)

주   소 :

출판사명 :   사업자등록번호 :

대표자 성명 : _____ (인)

제2의 직업을
찾아라!

게임 시나리오 작가(기획자)

게임 시장은 온라인 게임에 이어 모바일 게임 분야가 급성장 중이다. 모바일 게임은 코로나19로 전 세계가 어려움을 겪는 이 시기에 더욱 위력을 발휘하고 있다. 사람들의 실내 활동이 증가하자 모바일 게임의 다운로드 수가 엄청나게 늘었다고 한다. 카트라이더, 배틀그라운드, 리그 오브 레전드, 리니지2M 등 그야말로 이름만 대면 아는 모바일 게임을 전 연령층이 즐기고 있다.

게임 시나리오 작가는 무슨 일을 할까? 그들은 게임에 필요한 세계관과 이야기를 만든다. 이야기를 만드는 일 이외에도 등장하는 캐릭터의 콘셉트를 잡고, 아이템의 이름을 짓기도 한다.

게임 시나리오 작가는 상황에 따라 시나리오를 수정하거나 새로 만드는 등 크고 작은 수정과 대체 작업이 항상 뒤따른다. 그럴 때마다 그들은 기획자의 역할도 유연하게 수행한다.

게임 회사에서 작가로서 일하면 어떤 점이 좋을까? '게임 시나리오 작가'라는 이름에서 알 수 있듯이 그들은 시나리오 작업, 즉 이야기를 만들며 성취감을 얻는다. 또한 게임의 세계관이나 이야기가 모두 다 다르므로 새로운 트렌드를 읽어내는 속도도 빠르다. 프로그래머, 그래픽 디자이너, 사운드 디자이너 등과 협업하면서, 컴퓨터 코딩, 게임 툴(도구) 사용 방식, 디자인 등 다른 분야의 지식을 배울 수 있다.

게임 분야에서 유명한 한 기획자는 시나리오 기획자를 '글을 쓰는 직업이 아닌, 글을 이용해서 무언가를 만드는 사람'이라고 했다. 이 말처럼 시나리오만 쓰겠다는 마음으로 회사에 들어가면 생각과 다를 수 있다. 그러므로 게임을 제작하는 환경에 관한 이해도 필요하다. 업무 강도가 센 편이라 스트레스와 야근이 많다.

★관련학과: e-스포츠과, 게임과, 게임기획비즈니스과, 게임미디어과, 게임전공, 게임제작과, 게임컨설팅과, 게임

콘텐츠과, 게임프로듀서과, 멀티미디어게임과, 비주얼게임콘텐츠과, 비주얼게임콘텐츠스쿨, 영상&게임콘텐츠과, 컴퓨터게임과, 국어국문학과, 문예창작과, 문예창작학과* 등

★추천 도서: 이진희,『이론과 실전으로 배우는 게임 시나리오』, 한빛미디어

카피라이터(copy writer)

카피라이터는 광고 문안을 만드는 사람이다. 캐치프레이즈, 슬로건, 크고 작은 광고 문구(카피) 등을 작업하므로 창의력과 언어능력이 좋아야 한다.

카피라이터는 소비자를 대상으로 물건을 많이 팔기 위해 문구를 작성한다. 그 상품을 만들거나 파는 사람들(광고주)을 대신해서 제품을 홍보한다. 제품의 특성과 성격에 따라 때로 고급스럽게, 강렬하게, 친근하게, 순수하게, 뭉클하게, 도발적으로 문구를 쓴다.

* 출처: 진로정보망 커리어넷

소비자들에게 남은 강렬한 한 줄 문구는 어디에서 태어날까? 감성? 카피 만드는 능력? 틀린 말은 아니지만 광고 문구는 철저한 조사와 분석에서 나온다. 카피라이터는 상품 파악, 시장조사, 소비자 성향 조사, 광고 경향 조사를 철저하게 한 뒤에 비로소 카피를 만들기 시작한다. 느낌만 가지고 글을 쓰는 작업이 아니다.

카피라이터는 광고 문구만 쓰는 사람이 아니다. 업무에 관계된 여러 일을 맡아서 한다. 예를 들어, 외국어 번역을 확인하고, 광고에 쓰일 노래 아이디어를 생각하고, 촬영장에 가고 신기술을 찾는 등의 일을 한다.

카피라이터의 장점은 다양한 분야의 일을 해볼 수 있다는 점이다. 광고주의 의뢰와 제품의 홍보 방향을 잡고, 실제 촬영까지 하다 보면 재미있는 경험을 할 때가 많다. 더불어 동료 카피라이터, 아트디렉터, CM 플래너, CF 감독 등과 함께 일하며 협업을 배울 수 있고, 전문성을 갖추게 된다.

그들은 빠르게 변하는 시장의 흐름에 적응하며 일한다. 다양한 시장조사와 업무에 초점을 맞춰야 하므로 견디기 힘든 압박감과 스트레스를 받을 수 있다. 야근이 많은 직업 중의 하나이다.

★관련학과: 국어국문학과, 문예창작과, 광고홍보학과공항홍보전공, 광고PR전공, 광고 · PR · 브랜딩전공, 광고미디어학과, 광고이벤트학과, 광고전공, 광고학전공, 광고홍보문화콘텐츠전공, 광고홍보언론학과, 광고홍보이벤트학과, 광고홍보전공, 광고홍보전공 트랙, 광고홍보학과, 광고홍보학부, 광고홍보학전공, 디지털마케팅학과, 마케팅 · 홍보학과, 마케팅 · 광고학과, 미디어 · 광고학부, 미디어광고학과, 미디어영상광고학과, 미디어영상광고학부, 미디어영상광고학부 광고홍보전공, 미디어영상광고홍보학부, 빅데이터광고마케팅학과, 산업 · 광고심리학과, 상경학부 E-마케팅전공, 언론광고학부 광고홍보전공, 의료IT마케팅학과, 의료홍보미디어학과, 홍보광고학과, 홍보전공* 등

★추천 도서: 정철, 『카피책, 당신이 쓰는 모든 글이 카피다』, 허밍버드

*　출처: 진로정보망 커리어넷

방송작가(드라마/예능/시사교양)

사람들의 일상에 소소한 재미와 감동을 주는 드라마, 연예인이 등장해 웃음을 선사하는 예능, 사회·경제·정치 문제를 꼬집고 심층적으로 다루는 시사 프로그램을 제작하는 데 가장 기본이 되는 대본을 쓰는 사람은 누구일까? 방송작가이다. 방송작가는 드라마, 예능, 시사교양 등 영상을 만드는 다양한 환경에서 글을 쓴다. 만약 대본이 없다면 무슨 일이 생길까? 방송 프로그램 현장은 그야말로 아비규환이 될 것이다.

방송은 혼자 만들 수 없다. 일의 다양성 때문에 많은 사람들과 일하게 된다. 방송작가의 경우도 혼자가 아니다. 예를 들어 한 방송에는 메인 작가, 서브 작가, 막내 작가가 존재한다. 메인 작가는 대본을 쓰는 담당자로, 10년 이상의 경력을 가진 사람이 맡는다. 서브 작가는 메인 작가가 쓰는 대본의 일부를 맡아서 쓴다. 방송마다 다르지만 보통 2~3년 정도 일을 하면 서브 작가가 된다.

막내 작가는 방송작가가 된 지 얼마 되지 않은 신입 작가이다. 모든 직업에는 처음이 있다. 막내 작가가 하는 일이 방송 작가가 되어 처음 하는 일이라고 생각하면 된다. 막내 작가는 '작가'라는 이름과는 왠지 거리가 멀 것 같은 업무를 더 많이 하기도 한다.

이제 막 일을 시작한 예능 방송작가는 무슨 일을 할까? 그들은 전날 방송한 프로그램의 시청률 표 인쇄, 자료조사, 회의, 섭외를 담당한다. 다음날 녹화 방송이 있으면, 대본 인쇄를 물론이고 출연자가 보는 대본에 형광펜으로 하이라이트를 해야 한다. 뿐만 아니라, 방송에 쓰이는 소품도 일일이 체크해야 한다.

방송작가는 방송을 제작하는 구성원으로서, 방송의 뼈대가 되는 대본을 작성한다. 또한 피디(PD)와의 기획 회의를 통해 어떤 내용을 촬영할지 아이디어를 짠다. 그들은 자신이 내놓은 아이디어가 촬영 현장에서 큰 역할을 했을 때, 시청률이 크게 올랐을 때, 엔딩 크레딧에 이름이 오를 때 직업적인 만족감을 느낀다고 한다.

반면에 사람으로 인한 스트레스, 불규칙한 생활, 강도 센 업무, 열악한 처우로 어려움을 겪는다. 녹화가 늦어지는 경우, 퇴근하지 못하고 밤샘 촬영을 하는 경우도 있다.

★관련학과: 국어국문학과, 문예창작과, 방송극작과, 신문방송학과* 등

* 출처: 진로정보망 커리어넷

★사설 학원: 한국방송작가협회 교육원, KBS방송아카데미, MBC아카데미, 서울방송아카데미 등

★추천 도서: 임선경,『나의 직업 방송 작가』, 푸른들녘

직업을 통해
얻는 가치

성장형 캐릭터는 작가도 성장시킨다

가상 시대물이면서 판타지 작품인 『상수리 나무 아래』에는 콤플렉스 덩어리인 여주인공(맥시밀리언)이 등장한다. 맥시는 아버지의 학대로 심한 말더듬이가 되었고, 자존감도 엉망이다. 게다가 자신의 생김새가 별로라고 생각한다. 빨갛고 꼬불거리는 머리카락과 주근깨투성이의 얼굴, 맥시는 어느 것 하나 남 앞에 내세울 게 없어 우울하다.

전형적인 공주풍, 엘프 풍의 로맨스를 좋아하는 독자라면, 이 설정만으로도 눈살을 찌푸리며 싫어할 것이다. 보통대리만족을 느끼기 위해서 로맨스를 보는데, 아름답기는커녕 못생기고 말까지 더듬는 주인공이라니! 그러면 사랑은 어떻게 하나? 기대감을 깨뜨리는 파격적인 설정에 놀랄 수밖에 없다.

그러나 이 작품을 쓴 김수지 작가에게는 계획이 있었다. '성장형 남녀 캐릭터'를 만들어 이야기를 이끌어갈 계획이었다. 맥시가 상처를 치유하며, 리프탄의 사랑을 넘치도록 받자 『상수리 나무 아래』는 독자들의 사랑을 받으며 인기 작품이 되었다. 이 작품은 한동안 연재 베스트에서 1위를 차지하며 경쟁자들을 모두 물리쳤다.

일반 독자들은 미처 눈치채지 못하겠지만, 웹소설 작가가 되려는 우리들에게는 작가의 노력이 보일 것이다. 또한 작가도 등장인물처럼 성장한다. 작품 연재를 무사히 마치고 새로운 작품에 들어가면 작가는 한 뼘쯤 성장해 있다. 특별한 비결은 없다. 힘든 상황에서도 손에서 글을 놓지 않는다면 필력이 좋아지고 작품 수준도 올라간다. 그 가치는 시간이 증명해준다.

독자와의 교감

세상을 깜짝 놀라게 할 만한 재주가 있는 작가라 하더라도 작품을 읽어줄 독자가 없으면 아무 소용이 없다. 작가와 독자의 관계는 매우 가깝다. 아이돌과 팬의 관계, 정치가와 지지자의 관계와 비슷하다. 아이돌이나 정치가에게 팬이나 지지자가 없다면 그들도 존재할 수 없다.

웹소설 시장 이전, 문학 작가로 활동한 선배 작가들은 독자들과 직접 소통할 수 있는 기회가 많지 않았다. 피드백이 없으니 외따로 떨어진 기분으로 글을 썼다. 인기 있는 작가라면 팬 미팅이나 강의를 통해서 독자들을 만날 수 있었지만, 그보다 훨씬 더 많은 작가들이 책만 덩그러니 내놓고 무대에서 쓸쓸히 퇴장했다.

하지만 웹소설 작가들은 다르다. 그들은 글을 쓰고 작가가 되는 과정에서 겪은 모든 희로애락의 순간을 독자들과 함께한다. 소통 수단인 댓글을 통해 독자들을 만나고, 그들이 좋아하고 싫어하는 것을 파악하여 자기 작품에 반영한다. 글을 쓸 때 교감할 수 있는 대상이 있다는 건 참 행복한 일이다.

웹소설 작가는 열린 공간에 있다. 독자와의 교감을 바탕으로 작품의 방향을 바꾸기도 하고 스토리를 다시 쓰기도 한다. 그동안 속 터지는 고구마 내용으로 독자들의 속을 꽉 막히게 했다면, 그들의 도움으로 사이다 같은 시원한 결과가 나오기도 한다. 독자들은 자신들의 의견이 작품에 반영되었다는 사실에 뿌듯함을 느끼며 그 작가에게 더 큰 관심을 보낸다. 진정한 팬이 되어가는 과정이다. 팬들은 자신이 좋아하는 작가의 짧은 댓글에도 친구가 된 것처럼 친근감을 느낀다.

이렇게 독자가 남기는 응원과 지지는 작가에게 큰 힘이 되며, 글을 계속 쓰도록 해주는 추진력이 된다.

스타 작가의 능력

스타 작가로 불리는 작가들에게는 공통점이 있다. 무척이나 재미있는 글을 쓴다는 점이다. 재미있는 작품은 작가에게 날개를 달아주고, 세상에 작가의 이름을 알려준다. 그렇다면 재미있는 글이란 무엇일까? 무엇이기에 작가의 일상과 사회적인 위치를 바꿔놓을 만큼 힘이 있는 것일까? 길게 고민할 것 없다. 독자들이 최고로 꼽는 작품이 가장 재미있는 것이다. 신나고 통쾌한 기분을 만끽하며 읽은 웹소설을 떠올려보자. 그 이야기만 생각하면 저절로 미소가 지어지고, 읽은 지 얼마되지 않은 것 같은데 정신을 차려보니 마지막 회차를 읽게 만들었던 그 작품 말이다.

스타 작가는 독자의 사랑을 받는 사람이다. 외모나 생김새가 아닌 글 쓰는 실력으로 말이다. 독자는 작가의 실력을 단번에 알아본다. 그래서 연독률이 높다. 여느 작품과 마찬가지로 스타 작가의 작품은 초반 무료로 시작했던 회차에서 과감하게 포텐(potential: 잠재력)을 터트린다. 그 잠재력을 알아차린 독자들은 부지런히 작품을 따라간다. 그렇게 유료 구독이 시작된다. 어마어마한 독자 수는 스타 작가의 힘을 상징한다. 독자들은 그 작품을 읽기 위해 기꺼이 지갑에서 돈을 꺼낸다.

여러분도 스타 작가를 꿈꾸고 있을 것이다. 그러려면 무조건 재미있는 글을 써야 한다. 평범한 재미가 아닌 숨도 쉬지 못할 정도의 몰입감과 속도감, 긴장감으로 똘똘 뭉친 자기만의 개성 있는 재미로 승부를 걸어야 한다.

웹소설 크리에이터

웹소설 분야의 전문 크리에이터로 활동하는 사람들은 누가 있을까? 혼자서 글 쓰는 것이 힘들거나 웹소설에 대해 더 알고 싶을 때 웹소설 크리에이터가 하는 말을 들어보자.

① 유쾌한 작가_빵무늬

정무늬 작가는 무척 유쾌해 보이는 작가이다. 그를 보고 있으면 덩달아 즐거워져 웃음이 절로 나온다. 잔뜩 긴장한 채로 보는 이들을 무장해제 시킨다. 정무늬 작가를 알고 나면, 작가에 대한 편견이 와장창 깨진다. 그도 그럴 것이 그의 채널에는 '충격! 배비키니', '레알 글래머!' 등 몸매를 자랑(?)하는 콘텐츠가 잔뜩 있기 때문이다.

그렇다고 정무늬 작가가 작가로서 저력이 없느냐, 그렇지 않다. 그는 다방면에서 능력자이다. 외모도 아름답지만 작가로서 능력이 뛰어나다. 현재 웹소설 작가로 인기를 얻고 있고, 2020년에는 소설로 등단을 했다.

★작품

『세자빈의 발칙한 비밀』,『꿈꾸듯 달 보듬듯』,『완결 후에 반젤린』,『개미 조연이 다 가진다』,『같이 목욕해요, 공작님』등

★웹소설 작가를 꿈꾸는 청소년을 위한 추천 영상

〈웹소설 공모전 수상하는 법 베스트3!〉,〈웹소설 조회수 올리는 특급 4가지〉,〈웹소설 작가가 얼마나 버는지 궁금하시나요?〉,〈웹소설 대박치고 싶다고? 인기작품 트렌드 분석부터 시작하세요〉,〈투고 성공 100% 도전〉,〈소설 대박 소재, 글감 찾는 비법〉등

② Bookwitch북마녀

북마녀는 웹소설 편집자이다. 그를 상징하는 것은 '빨간 뿔테 안경'이다. 어두운 배경을 뒤로 하고 서서 큰 안경을 쓴 모습이 이름대로 마녀를 연상하게 한다. 북마녀의 말투

와 태도 또한 예사롭지 않다. 웹소설 편집자로서 작가들의 상황을 훤히 다 알고 있기 때문일까? 영상 내내 사근사근한 말투로 어르고 달래며, 따끔하게 혼을 낸다. 작가 지망생이나 웹소설 작가들이 그의 말을 들으며 "저거 내 얘긴데 어떻게 다 알고 있지?"하면서 깜짝 놀랄 정도이다.

앞서 소개한 정무늬 작가가 웃음을 준다면, 북마녀는 묘한 긴장감을 선사한다. 그 긴장감이 웹소설 작가를 꿈꾸는 많은 사람들에게 동기부여가 된다. 북마녀가 영상 마지막에서 항상 하는 말이 있다.

"이 종이 울리면 당신은 글을 쓰러 가게 됩니다."

어떤가? 여러분의 마음도 지금 움직였는가?

★웹소설 작가를 꿈꾸는 청소년을 위한 추천 영상

〈웹소설 작가가 알아야 할 웹소설 편집자의 한 달 스케줄과 업무〉, 〈웹소설 공모전 Q&A〉, 〈웹소설 트렌드 코리아 2020〉, 〈출판사가 망하면 내 책은 어떻게 되나요?〉, 〈웹소설에 이거 쓰면 저작권 걸리나요?〉 등

③ 갈드의 웹소설 훈수방송

갈드 작가는 푸근한 인상을 주는 훈남이다. 그는 어떤 계기로 유튜브 방송을 시작하게 되었을까?

어느 날, 그는 호기심에 유료로 진행하는 오프라인 웹소설 강의를 들으러 갔다. 그런데 웹소설을 쓰지도 않고 업계에서 일하지도 않는 사람이 강의를 하고 있었다. 그는 그 모습을 보고 작가 지망생에게 생길 피해가 걱정되어 동영상 강의를 시작하게 되었다.

갈드의 방송을 보면 알겠지만 그는 무척 꼼꼼하고 논리 정연하다. 웹소설 신인 작가나 지망생들이 꼭 알아야 할 점을 업계 상황을 고려해 있는 그대로 알려준다. '선인세는 무조건 많이 받으면 좋다?', '웹소설 공동 집필, 절대 하지 마세요!' 등 유익한 꿀팁이 많다. 독자들의 질문에도 정성껏 답변해준다.

★작품

『나는 주인공이다』, 『SSS급 랭커 회귀하다』, 『레이드 택틱스』, 『컨빨』, 『내 행운은 Max』 등

★웹소설 작가를 꿈꾸는 청소년을 위한 추천 영상

〈억대연봉 웹소설 작가가 말하는 유료 오프라인 웹소설 강의, 절대 듣지 마세요〉, 〈카카오페이지 웹소설 1위는 얼마를 벌까?〉, 〈웹소설 작가 데뷔 방법!〉, 〈신인, 지망생을 위한 웹소설 장르 선택 요령!〉 등

④ 웹소설 브라더스

웹소설 브라더스에는 세 명의 작가가 나온다. '글 쓰는 기계', '최정상', '퐈퐈C'이다. 이들은 모두 재밌는 모양의 선글라스를 끼고 나와서 재치 있는 입담을 자랑한다. 이들의 영상을 보고 있으면 덩달아 즐거워진다. 웹소설 업계에 관한 정보도 알 수 있어서 유용하다. 남성향 작품에 대해 알고 싶다면 이들의 영상을 빠짐없이 살펴보길 바란다.

웹소설 시장에 대해 잘 몰라도 상관없다. 관심과 애정만 있다면 얼마든지 귀가 트인다. 웹소설 작가가 되고 싶은 지망생이라면, 그들이 말하는 단어, 작품, 작법, 인물, 계약, 업계 동향 등에 귀를 기울여보자.

★작가별 작품

- 글 쓰는 기계: 『칼끝이 천 번 흔들려야 고수가 된다』, 『나는 될 놈이다』 등
- 최정상: 『몬스터 부리는 남자』, 『언론의 신』
- 퐈퐈C: 『괴마의 군왕』, 『내 마법이 더 쎈데?』

★웹소설 작가를 꿈꾸는 청소년을 위한 추천 영상

〈대사건!「전지적 독자 시점」이 네이버 웹툰으로?!〉,
〈[야.너.작] 웹소설 작법 1화, 웹소설을 쓰기 위해 반드시
정해야 하는 3가지〉, 〈웹소설 플랫폼 삼국지! 카카오, 네이
버, 문피아, 뭐가 다르지?〉, 〈나와 계약해서 웹소설 작가가
되어줘! _웹소설 계약의 모든 것〉 등